équipe nouvelle 3

livre de l'étudiant

Danièle Bourdais

Sue Finnie

Anna Lise Gordon

OXFORD

UNIVERSITY PRESS

D1144196

OXFORD
UNIVERSITY PRESS

Great Clarendon Street, Oxford OX2 6DP

Oxford University Press is a department of the University of Oxford.
It furthers the University's objective of excellence in research,
scholarship, and education by publishing worldwide in

Oxford   New York

Auckland   Cape Town   Dar es Salaam   Hong Kong   Karachi
Kuala Lumpur   Madrid   Melbourne   Mexico City   Nairobi
New Delhi   Shanghai   Taipei   Toronto

With offices in

Argentina   Austria   Brazil   Chile   Czech Republic   France   Greece
Guatemala   Hungary   Italy   Japan   Poland   Portugal   Singapore
South Korea   Switzerland   Thailand   Turkey   Ukraine   Vietnam

Oxford is a registered trade mark of Oxford University Press
in the UK and in certain other countries

© Danièle Bourdais, Sue Finnie and Anna Lise Gordon 2005

The moral rights of the authors have been asserted

Database right Oxford University Press (maker)

First published 2005

All rights reserved. No part of this publication may be reproduced,
stored in a retrieval system, or transmitted, in any form or by any means,
without the prior permission in writing of Oxford University Press, or as
expressly permitted by law, or under terms agreed with the appropriate
reprographics rights organization. Enquiries concerning reproduction
outside the scope of the above should be sent to the Rights Department,
Oxford University Press, at the address above

You must not circulate this book in any other binding or cover
and you must impose this same condition on any acquirer

British Library Cataloguing in Publication Data

Data available

ISBN: 978-0-19-912461-9

10 9 8 7 6 5 4

Typeset in Formata and Utopia by Wild Apple Design Ltd.

Printed in China by Printplus.

Paper used in the production of this book is a natural, recyclable product
made from wood grown in sustainable forests. The manufacturing process
conforms to the environmental regulations of the country of origin.

The authors would like to thank the following people for their help and
advice: Rachel Sauvain (project manager), Katie Lewis (editor of the Students'
Book), David Buckland (course consultant), Sandra Jefferson (teacher
consultant), Rebecca Crabtree (designer), Marie-Thérèse Bougard (language
consultant).

The publishers and authors would also like to thank Marie-Thérèse Bougard
and Mark Smith for sound production, Laurent Dury for music composition,
and Cathérine Rutherford, M. Maître and the students of the École
Internationale Michelin for assistance with the photo shoot in Clermont-
Ferrand.

The publishers would like to thank the following for permission to reproduce
copyright material: M. Jacques Charpentreau for L'école, p.132, King Features
Syndicate Inc. for Hägar Dünor, p.135.

Every effort has been made to contact copyright holders of material
reproduced in this book. Any omissions will be rectified in subsequent
printings if notice is given to the publisher.

Acknowledgements

The publishers would like to thank the following for permission to reproduce
photographs: **p6t&c** Martin Sookias/OUP; **p6b** Pictor International/
ImageState/Alamy; **p7t** Martin Sookias/OUP; **p7b** BananaStock/Alamy/OUP;
p7c David Simson/OUP; **p8l** Raymond Reuter/Sygma/Corbis UK Ltd; **p8r** Jacky
Chapman/Photofusion Picture Library; **p8b** Zooid Pictures; **p9t** JERRY
BRUCKHEIMER FILMS/Walt Disney Pictures/Ronald Grant Archive; **p11tl** Steve
Prezant/Corbis UK Ltd; **p11cl** Owen Franken/Corbis UK Ltd; **p11tr** David
Reed/Corbis UK Ltd; **p11b** David Turnley/Corbis UK Ltd;
p12tr,tlcm,cr,bl,bm&br Martin Sookias/OUP; **p12cl** ImageSource/OUP;
p13t Dick Capel Davies; **p13b** Sipa Press/Rex Features; **p14** David Simson/OUP;
p15tl ImageSource/OUP; **p15tm,tr,ml,bl&br** Martin Sookias/OUP; **p16** Paul
Baldesare/Photofusion Picture Library/Alamy; **p17b** John Walmsley/Education
Photos; **p18** Martin Sookias/OUP; **p25t** Photodisc/OUP; **p25b** Martin
Sookias/OUP; **p26** Martin Sookias/OUP; **p27tl** Sipa Press/Rex Features;
p27cl Alamy; **p28tc** Jeff Greenberg/Alamy; **p28t** Liba Taylor/Corbis UK Ltd;
p28c Reuters/Eric Gaillard/Corbis UK Ltd; **p29** Photodisc/OUP;
p31 Photodisc/OUP; **p32** Martin Sookias/OUP; **p36l** Glenn Weiner/ZUMA/Corbis
UK Ltd; **p36l** Reuters/Eric Gaillard/Corbis UK Ltd; **p36r** Ronald Grant Archive;
p39l Don Mason/Corbis UK Ltd; **p39r** Trinette Reed/age fotostock/Superstock
Ltd; **p39c** Tom Gril/age fotostock/Superstock Ltd; **p41tr&r** Martin Sookias/OUP;
p41l John Walmsley/Education Photos; **p42l** Martin Sookias/OUP;
p43t Stephane Reix/For Picture/Corbis UK Ltd; **p43bl** Martin Sookias/OUP;
p43br Racing Club de Strasbourg; **p44** Martin Sookias/OUP; **p47** Martin
Sookias/OUP; **p48** Martin Sookias/OUP; **p50t** Regine Mahaux/The Image
Bank/Getty Images; **p50c** Jean Pierre Amet/Sygma/Corbis UK Ltd;
p52tl&br Photodisc/OUP; **p55tl** Mike Blenkinsop/Images-of-France/Alamy;
p55tc Chris Hellier/Corbis UK Ltd; **p55c** Mike McGill/Corbis UK Ltd;
p55br Martin Sookias; **p56** BananaStock/Alamy/OUP; **p60tl** BananaStock/
Alamy/OUP; **p60bl** James Marshall/Corbis UK Ltd; **p60tr&br** Martin Sookias/
OUP; **p66tl** P.FRanck/Sygma/Corbis UK Ltd; **p66bl,tr&br** Photodisc/OUP;
p71t Hulton-Deutsch Collection/Corbis UK Ltd; **p71b** ©LWA- JDC/Corbis UK
Ltd; **p72** Sue Finnie; **p74** David Simson/OUP; **p75** Bellurget Jean-Loui/
StockImage/Superstock Ltd; **p78** David Simson/OUP; **p79t** David Simson/OUP;
p79b Hulton Deutsch Collection/Corbis UK Ltd; **p80** Raphael
Gaillard/Gamma/Frank Spooner; **p82tl&tr** Photodisc/OUP; **p82b** Michael
Prince/Corbis UK Ltd; **p85c** Alena Hbrková/Photolibrary.com; **p85b** Philippe
Wojazer/Reuters/Corbis UK Ltd; **p85 A** Tom Eckerle/Photolibrary.com;
p85f Dick Capel-Davies **p86** Pictor International/ImageState/Alamy; **p87tl** Jon
Arnold Images/Photolibrary.com; **p87tl** Daniele Bourdais **p87tc** Philippe
Giraud; **p87b** Maximilian Stock Ltd/Anthony Blake Photo Library; **p88tl**
Mauritius/Superstock Ltd; **p88bl** Philippe Giraud SYGMA/Corbis UK Ltd; **p88tr**
Philippe Giraud; **p88br** Philip Gould/Corbis UK Ltd; **p89** Sylvain
Grandadam/Stone/Getty Images; **p90** Corel/OUP; **p91r** Sylvain
Grandadam/Stone/Getty Images; **p96** Photodisc/OUP; **p97tl** Alena
Hbrková/Photolibrary.com; **p97b** Philip Gould/Corbis UK Ltd; **p100tl**
Photodisc/OUP; **p100r** Fabio Cardoso/age fotostock/Superstock Ltd; **p101t&b**
Photodisc/OUP; **p104** Martin Sookias/OUP; **p106** OUP; **p108t** J Allan Cash;
p108b Gail Mooney/Corbis UK Ltd; **p109t** Martin Sookias/OUP; **p109** Owen
Franken/Corbis UK Ltd; **p110** OUP; **p111** Martin Sookias/OUP; **p112b** Maurice
Rougemont/Sygma/Corbis UK Ltd; **p116t** Martin Sookias/OUP; **p116b**
Photodisc/OUP; **p117** Martin Sookias/OUP; **p118** OUP; **p120l** J Allan Cash;
p120r Gail Mooney/Corbis Uk Ltd; **p121** Hanna-Barbera/DiC
Enterprises/Ronald Grant Archive; **p122** Martin Sookias/OUP; **p124** Jim
Sugar/Corbis UK Ltd; **p126tr** Bernard Annebicque/ Sygma/Corbis UK Ltd.;
p126cr Bernard Annebicque/Sygma/Corbis UK Ltd; **p127t** Richard
Melloul/Sygma/Corbis UK Ltd; **p127b** Sipa Press/Rex Features; **p129** Martin
Sookias/OUP; **p131l** Empics; **p131r** Sipa Press/Rex Features; **p133t** AKG -
Images; **p133b** Philadelphia Museum of Art/Corbis UK Ltd;
p134t Abel Faivre © ADAGP, Paris, and DACS London 2005; **p134b** M6;
p136tl Horacio Villalobos/Corbis UK Ltd; **p136bl** Owen Franken/Corbis UK Ltd;
p136tr Sipa Press/Rex Features; **p136br** Sipa Press/Rex Features; **p137t** AKG -
Images; **p137b** Nick Spurling/images-of-france/Alamy.

COVER: Thierry Prat/Sygma/Corbis UK Ltd.

The illustrations are by Martin Aston **pp10, 14b, 18, 20, 21, 22, 29, 30, 34,
35, 40, 50, 51, 60, 61, 62, 63, 64, 65, 76t&b, 77, 80, 81, 89, 93, 94, 95, 99,
100, 103r, 110b, 112, 115, 116tl&tr, 124, 125, 126, 127, 128, 132b**;
Barking Dog Art **pp9, 14t, 32, 46, 49, 56b, 69c, 87, 103b, 105, 106b,
116bl&br, 123**; Kessia Beverley Smith **pp47, 69b, 119**; Matt Buckley **pp102t,
120**; Stefan Chabuk **pp6/7, 8, 56t, 59, 71, 72, 102b, 110t, 114**; Andy Cooke
pp45, 78, 122; Rebecca Crabtree **76lc**; Karen Donnelly **pp107t, 111**; King
Features Syndicate Inc. **p135**; Linda Schwab (Linda Rogers Associates) **p1132t**.

Bienvenue à Équipe nouvelle 3!

Symbols and headings you'll find in the book: what do they mean?

 a listening activity

 a speaking activity

 a reading activity

 a writing activity

○ an activity to be done in English

 *À vos marques*   a starter activity

■■**Expressions-clés**■■   useful expressions

■■**Mots-clés**■■   useful words

ZOOm grammaire: an explanation of how French works

➡ 000   refer to this page in the grammar section at the back of the book

Guide pratique
strategies to help you learn

 Ça se dit comme ça!
pronunciation practice

 some or all items in the box are recorded

Point culture ——— cultural information

 **Challenge!**   plenary activities at three levels

Super-challenge!   activities to extend the language of each unit

Vocabulaire   unit vocabulary lists

Podium   bilingual unit checklists

Révisions   activities to revise the language of the previous two units

Encore   reinforcement activities

En plus   extension activities

Point lecture   reading pages

Grammaire   grammar reference and practice

Glossaire   bilingual glossary of language used in the Students' Book

Some common instructions used in the Students' Book

Écoute et lis.	*Listen and read.*	Répète et imite.	*Repeat and imitate.*
Relis. Réécoute.	*Re-read. Listen again.*	Jeu de mémoire.	*Memory game.*
Écoute et vérifie.	*Listen and check.*	Trouve l'intrus.	*Find the odd-one-out.*
Regarde. Trouve. ·	*Look at. Find.*	Choisis. Décris.	*Choose. Describe.*
Dis. Parle.	*Say. Talk.*	Relie. Suis.	*Match up. Follow.*
Traduis en anglais.	*Translate into English.*	Fais un sondage.	*Do a survey.*
Pose les questions.	*Ask the questions.*	Invente.	*Invent.*
Recopie et complète.	*Copy and complete.*	Vrai ou faux?	*True or false?*
Devine. Échange.	*Guess. Swap.*	Pourquoi?	*Why? (Give reasons.)*
Réponds aux questions.	*Answer the questions.*	Donne ton opinion.	*Give your opinion.*
Écris. Résume.	*Write. Summarize.*	Ferme le livre.	*Close your book.*
		Remplis la fiche.	*Complete the form.*

Table des matières

La Tour de France d'Équipe nouvelle

Avec *Équipe nouvelle 3*, tu découvres six régions françaises et tu rencontres six jeunes Français:

Unité 1

Lénaïc Le Braz habite à Quimper, en Bretagne. Il parle français, mais il va dans une école bilingue breton–français et parle breton avec sa famille.

Unité 2

Camille Robertson habite à Clermont-Ferrand, en Auvergne. Son rêve, c'est de faire des études de théâtre à Londres et de devenir actrice.

Unité 6

Marie Césarin habite à Pointe-à-Pitre, en Guadeloupe, une île française des Caraïbes. Elle aime faire la fête – et la cuisine! Elle voudrait devenir un grand chef.

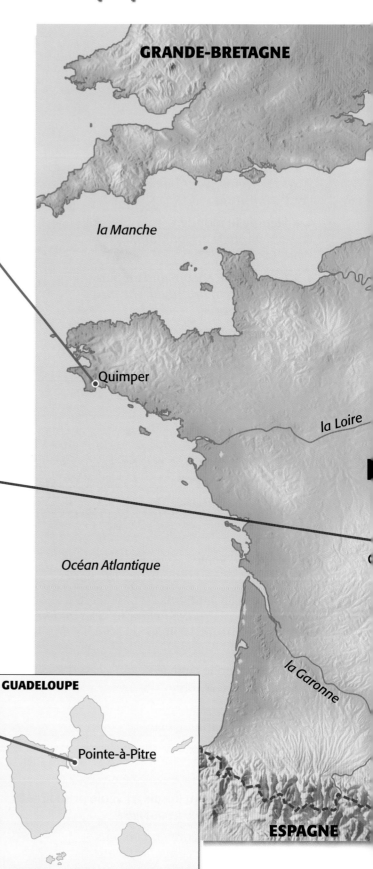

GRANDE-BRETAGNE

la Manche

Quimper

la Loire

Océan Atlantique

la Garonne

GUADELOUPE

Pointe-à-Pitre

ESPAGNE

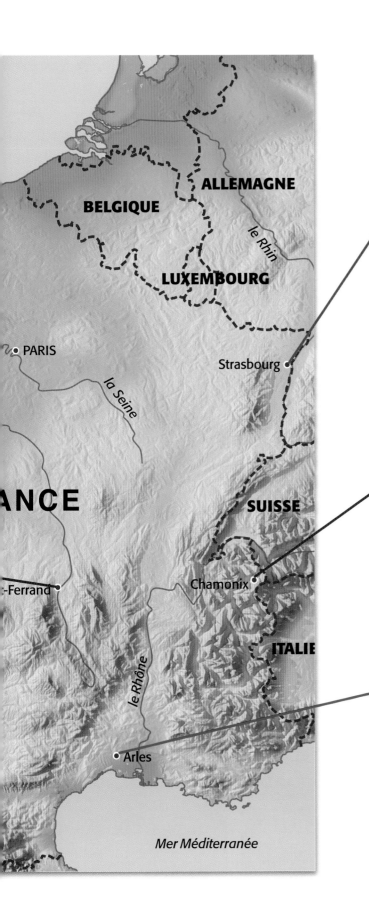

PARIS

ALLEMAGNE

BELGIQUE

LUXEMBOURG

le Rhin

la Seine

FRANCE

SUISSE

Strasbourg

-Ferrand

Chamonix

ITALIE

le Rhône

Arles

Mer Méditerranée

Unité 3

Hugo Schillein habite à Strasbourg, en Alsace. Son passe-temps préféré, c'est le football. Pendant un tournoi de foot, il reçoit chez lui Lloyd, un jeune Anglais.

Unité 5

Arnaud Robertin habite à Chamonix, une station de sports d'hiver dans les Alpes. Bien sûr, Arnaud fait du ski et de l'escalade. Un jour, il voudrait être moniteur de ski.

Unité 4

Bénédicte Mathys habite à Arles, une jolie ville touristique de Provence. Elle s'intéresse à l'environnement et à la nature.

Parlons français!

Tu apprends le français depuis au moins deux ans. Tu veux continuer? Super!
You've been learning French now for at least two years. Would you like to carry on?
Great! Not sure? Read on!

1 Fais ce quiz.
Do this quiz to find out more about how widely French is used.

1 Avec combien de francophones* peux-tu parler dans le monde*?

  a 70 millions   **b** 100 millions   **c** 170 millions +

2 Dans combien de pays parle-t-on couramment* le français?

  a 5   **b** 25   **c** 50 +

3 Sur combien de continents le français est-il parlé comme langue maternelle*?

  a tous   **b** trois   **c** quatre

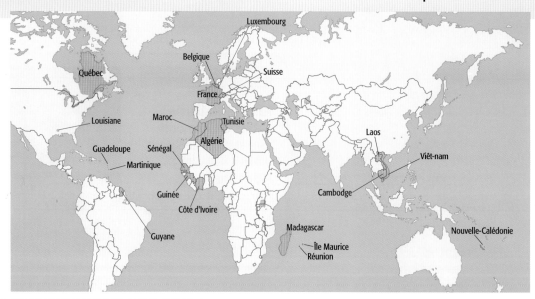

4 Quelle langue est jugée la plus "utile*" par les Européens après l'anglais?

  a l'espagnol   **b** le français   **c** l'allemand

5 La langue étrangère* la plus étudiée* dans le monde après l'anglais, c'est:

  a l'espagnol   **b** le français   **c** le chinois

un francophone – a French-speaker
le monde – the world
couramment – fluently
une langue maternelle – mother tongue
utile – useful
une langue étrangère – foreign language
étudié(e) – studied

6 La deuxième langue la plus utilisée sur Internet, c'est:

a l'anglais **b** l'espagnol **c** le français

7 Le français est une des langues officielles:

a de la Croix-Rouge **b** des Jeux olympiques **c** des Nations unies

8 Combien de mots anglais viennent* du français?

a 150 **b** 1500 **c** 15 000+

9 Eddie Izzard, Ellen McArthur, Gwyneth Paltrow, Johnny Depp, Kylie Minogue et Orlando Bloom ont une chose en commun*:

ils parlent tous bien le français.

a vrai **b** faux

10 La première destination de vacances dans le monde, c'est:

a la France **b** l'Espagne **c** la Grèce

viennent – come
en commun – in common

Answers on page 159.

2 Pourquoi apprendre le français? Lis et choisis.

Here is a list of 10 reasons to learn French. Which are true for you or which could be true for you? Can you add any of your own?

I want to learn French so that I can:

1 have the edge in a job interview
2 work abroad
3 make friends with people from other countries and cultures
4 get better service in a French shop/café/train station, etc.
5 impress my French teacher/my mum/the girl or boy next door, etc.
6 communicate with members of my family
7 get a French boy-/girlfriend
8 buy the best tickets at a French football/rugby match
9 improve my English
10 learn other languages more easily

3 Lis la bande dessinée. Tu peux l'expliquer à ton/ta partenaire?

Ah ah! C'est super de savoir parler une langue étrangère!

1 En famille

Contexts: self, family and relationships; region of Brittany
● **Grammar:** relative pronoun *qui*; emphatic pronouns (*lui, elle*); word order; verbs
● **Language learning:** researching on Internet; memorizing vocabulary
● **Pronunciation:** vowel sounds
● **Cultural focus:** Brittany; family life

La vie de famille: les grandes occasions

une naissance: le baptême, la brit mila, etc.

la communion/la bar mitsva, etc.

un anniversaire

les fiançailles

le mariage

un anniversaire de mariage

1 Écoute et regarde les photos. Note les fêtes mentionnées.
Exemple **1** c, …

> fêter – to celebrate
> une fête – a celebration

2 Qu'est-ce que tu fêtes en famille? Trouve quatre fêtes en commun avec un(e) partenaire.
Exemple
A: Je fête Noël en famille. Et toi?
B: Oui, moi aussi./Non, pas moi. Moi, je fête le Nouvel An en famille.

les fêtes: de Noël, du Nouvel An, du Ramadan, etc.

- Find out more about Lénaïc Le Braz, his family and where he is from
- Discuss reasons for learning a language
- Research, using the Internet

À vos marques

a Lis la fiche. Écris six questions sur ce garçon.
   Exemple Il s'appelle comment?
              Il habite où? etc.
b Teste la mémoire de ton/ta partenaire!

ÉCOUTER 1 Écoute Lénaïc. Note les détails qui ne sont pas sur sa fiche:
3 détails = bien! 4 détails ou plus = super!
Exemple anniversaire: 15 décembre

PARLER 2 Présente Lénaïc à ton/ta partenaire avec le plus possible de détails. Il/Elle vérifie.
Exemple
Il s'appelle Lénaïc Le Braz. Il a 16 ans. Il est né …

Nom:	Le Braz
Prénom:	Lénaïc
Âge:	16 ans
Domicile:	47, allée Kermoguer
	29000 Quimper
Famille:	parents divorcés, mère remariée, un frère, une demi-sœur
Passe-temps:	la natation, le vélo, la voile
Langue(s) parlée(s)	français, breton, anglais, espagnol

Pierre, 46 ans

Annick, 45 ans

Yann, 48 ans

Tanguy, 18 ans

Lénaïc, 16 ans

Héloïse, 10 ans

3 Avant de lire les infos sur la Bretagne, choisis la réponse. Puis lis et vérifie.
1 La capitale de la Bretagne, c'est:
  a Quimper   **b** Rennes
2 La majorité des Bretons parlent:
  a français   **b** breton
3 En Bretagne on pratique:
  a le ski   **b** la voile
4 Les spécialités bretonnes sont:
  a les crêpes, le cidre
  b le fromage, le vin

Degemer mat e Breizh! Ça veut dire: Bienvenue en Bretagne! En 1900, 50% des Bretons ne parlent pas français mais breton. Maintenant, moins de 8% parlent breton. C'est dommage! Dans ma famille, on parle breton parce qu'on ne veut pas oublier les traditions et la culture de Bretagne. Moi, j'adore la musique bretonne et mon chanteur préféré, Alan Stivell, chante en breton.
Je vais au lycée bilingue Diwan et là, les cours sont en breton. J'apprends aussi l'anglais et l'espagnol. C'est super! Quand on est bilingue, c'est plus facile d'apprendre d'autres langues. Kenavo!

Lénaïc

4 Écoute Lénaïc et lis. Réponds en anglais.
a Why do you think the number of Breton speakers has dropped?
b Where does Lénaïc speak Breton? Why?
c According to him, what are the advantages of being bilingual?
d Do you agree with Lénaïc? Give reasons.

5 À deux: préparez un dépliant sur la Bretagne. Faites des recherches à la bibliothèque ou sur Internet. Voir Guide pratique.

Challenge!

A Complète une fiche sur ta région.

B Écris douze choses sur toi, ta famille et ta région: six vraies et six fausses.

C Invente et écris le portrait de Tanguy, le frère de Lénaïc, en 100 mots.

La Bretagne

Situation:	ouest de la France
Habitants:	presque 3 millions (les Bretons)
Langue(s):	français, breton (8%)
Villes principales:	Rennes (Brest, Quimper, Lorient)
Climat:	doux et humide
Gastronomie:	crêpes, cidre, poissons, fruits de mer
Principaux loisirs:	sports nautiques, pêche

GUINGAMP
ville jumelée avec town twinned with
SHANNON
(Irlande)

GWENGAM
gevellet gant comhcheangailte le
BAILE NA SIONNA
(Bro-Iwerzhon)

Guide pratique

Using the Internet

1 Match the advice for surfing the Internet (1–4) with the information taken from the Internet (a–d).

1 Choisis un moteur de recherches.
2 Tape l'adresse d'un site (si tu la connais).
3 Tape le(s) mot(s)-clé(s) dans le champ de recherche.
4 Clique là pour trouver d'autres sites.

a www.musee-bretagne.fr; www.armorik.com
b breton; "Gwenn ha du"; la voile en Bretagne
c Liens
d www.google.fr; www.lycos.fr; www.voilà.fr

1.2 Un air de famille

- Describe your family
- Use *qui* in extended sentences

À vos marques

Trouve les 16 noms de membres de la famille!

frèrefilssœuronclepèrebelle-mèrecousinedemi-frère

filletanteparentsmèrecousinbeau-pèredemi-sœurgrands-parents

1 Nolwenn Trouadec

Dans ma famille, il y a mon père et ma mère. J'ai deux petits frères qui sont très pénibles*!

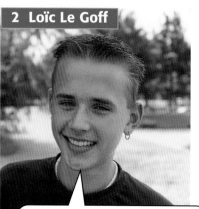

2 Loïc Le Goff

Mes parents ont divorcé. J'ai une sœur qui a 10 ans. Ma mère s'est remariée. J'ai un beau-père sympa, qui a trois fils.

3 Soizig Le Gall

Mes parents ont divorcé. Mon père s'est remarié avec Lisa, ma belle-mère, et j'ai deux demi-sœurs qui sont assez pénibles! Ma mère s'est aussi remariée et je vais bientôt avoir une autre demi-sœur ou un demi-frère!

pénible – a pain

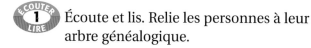 Écoute et lis. Relie les personnes à leur arbre généalogique.

2a Recopie et complète les phrases a–e avec les Expressions-clés.

a Je n'ai pas de frères et sœurs, je suis fils …

b Mes parents ne sont plus mariés, ils ont …

c J'ai un beau-père. Ma mère s'est …

d Mon père s'est remarié avec ma …

e Si ma belle-mère et mon père ont une fille, c'est ma …

2b Relis les phrases. Qui parle? Nolwenn, Loïc, Soizig ou aucun des trois?

▪▪ Expressions-clés ▪▪▪▪▪▪▪▪▪▪▪▪▪▪▪▪▪

J'ai … un frère/un demi-frère.
　　　　une sœur/une demi-sœur.
Je suis fils/fille unique.

Mes parents ont divorcé.
Mon père/Ma mère s'est remarié(e).
J'ai un beau-père/une belle-mère.

3 **A** choisit une personne (Nolwenn, Loïc ou Soizig). **B** pose des questions pour deviner.
Exemple　B: Tes parents ont divorcé?
　　　　　　A: Oui.
　　　　　　B: Tu as un frère?
　　　　　　A: Non. etc.

4 Écoute les cinq personnes et regarde page 14. Qui parle?
Exemple　**1** la sœur de Loïc

Challenge!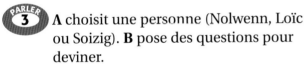

A Dessine et annote ton arbre généalogique (frères-sœurs, parents, grands-parents, oncles-tantes, cousins).

B Relis la bulle de Lénaïc. Décris ta famille (ou une autre) en 35 mots exactement.

C Écris dix énigmes sur des stars pour ton/ta partenaire.
Exemple　C'est la femme qui écrit Harry Potter.

Zoom grammaire: qui

Mes parents ont divorcé et ma mère s'est remariée. J'habite avec ma mère et mon beau-père, qui s'appelle Yann. Il est super! J'ai un frère qui s'appelle Tanguy et qui a 18 ans. Il est pénible! J'ai aussi une demi-sœur, Héloïse, qui a 10 ans et qui est très sympa.

1 Read Lénaïc's bubble. How many times does he use the word **qui**?

2 Now look at these sentences. What is **qui** in English, and why do we use it?

J'ai un frère. Mon frère s'appelle Yvon. Mon frère Yvon a 15 ans.

J'ai un frère qui s'appelle Yvon et qui a 15 ans.

3 Link these sentences with **qui**.
Example
J'ai un beau-père. Mon beau-père est très sympa.
= J'ai un beau-père **qui** est très sympa.

a Il a une belle-mère. Sa belle-mère n'est pas sympa.

b Elle a une petite sœur. Sa petite sœur est très pénible.

c Il a un demi-frère. Son demi-frère a 11 ans.

d Tu as une demi-sœur. Ta demi-sœur s'appelle Céline?

e J'ai un chat. Mon chat s'appelle Minou. Il a deux ans.

➡ 145

1.3 C'est l'horreur!

- Describe your character and other people's
- Say how you get on with people
- Revise giving and justifying your opinion
- Use emphatic pronouns: *moi, toi, lui, elle, eux, elles*

À vos marques

Lis les adjectifs (tu peux en chercher quatre maximum dans le dictionnaire) et fais deux listes: Qualités et Défauts. Compare avec ton/ta partenaire!

énervant **ouvert gentil**
généreux têtu
égoïste pénible sympa cool drôle

1 Décris ton caractère (avec ces adjectifs ou d'autres). Ton/Ta partenaire est d'accord?

Exemple Je suis cool, sympa, ouvert(e), drôle et surtout très très modeste!

Zoom grammaire: revising adjectives

- Most adjective endings change according to whether the word described is masculine (masc.) or feminine (fem.) and singular or plural.

1 Look at the adjectives in the box above and find:
  a two that don't change at all
  b three that are the same in their masculine and feminine forms
  c three that add an **-e** in the feminine
  d one that adds **-le** in the feminine
  e one that changes to **-euse** in the feminine

2 What other adjective endings do you know?

➜ 140

2a Lis les messages à droite. C'est Nolwenn, Loïc ou Soizig (page 14)?

2b Écoute et vérifie.

2c Réécoute et note ce qu'ils disent sur leur caractère.

Forum Internet: La famille – le rêve ou l'horreur?

1 [...] Avec ma famille, on s'entend bien. J'aime bien ma belle-mère, c'est assez sympa avec elle. Par contre, ses filles sont un peu pénibles. Je ne m'entends pas avec elles parce qu'elles sont têtues et égoïstes. Mon père est gentil. Je m'entends assez bien avec lui.

2 [...] Mes parents sont sympa et assez cool. Je m'entends relativement bien avec eux. Par contre, avec mes petits frères, c'est l'horreur! Ils sont carrément énervants et je ne m'entends pas du tout avec eux.

3 [...] Ma mère n'est pas ouverte, elle ne me comprend pas, alors on ne s'entend pas du tout. Mon beau-père, lui, est plutôt gentil et je m'entends plutôt bien avec lui. Ce sont ses fils qui sont pénibles, dommage! Heureusement, il y a ma petite sœur qui, elle, me comprend!!

3a Dans les messages, page 16, trouve:
a it's horrible!
b I get on well with …
c she understands me
d we don't get on

3b Relis et trouve le contraire de a–d. Vérifie dans Rappel et Expressions-clés.

3c Relis encore et trouve un autre mot pour:
a un peu   b assez   c très

4a Katell parle de sa famille. Écoute et note avec qui elle s'entend bien ✓ et avec qui elle ne s'entend pas ✗.
a son père   d sa demi-sœur
b sa belle-mère   e sa mère
c son frère

4b Réécoute et note les adjectifs qu'elle utilise pour chacun.

4c Écoute encore une fois et note les expressions du Rappel qu'elle utilise.

■■ Rappel ■■■■■■■■■■■■■■■■■■■■■■

- *To say what you think:*
  (Moi,) je pense que …
  Je trouve que …
  Pour moi, …

- *To give an opinion:*
  C'est super/sympa – nul/l'horreur, etc.

- *Link words to explain what you think:*
  parce que / car
  alors / par contre / mais

5 Écoute Yannick et fais les activités 4a–c pour lui.

6 Regarde le Zoom grammaire et poste un message sur le forum pour Katell et Yannick. Utilise tes notes des activités 4 et 5.

■■■ Expressions-clés ■■■■■■■■■■■■

Ça va. ✓	*Ça ne va pas.* ✗
C'est sympa (avec …)	C'est l'horreur (avec …)
Je m'entends bien avec …	Je ne m'entends pas avec …
Il/Elle me comprend	Il/Elle ne me comprend pas
On s'entend bien	On ne s'entend pas

moi

Zoom grammaire: *elle, lui, eux, elles*

1 Why do we use pronouns?
C'est l'horreur avec ma mère. Je ne m'entends pas avec elle.

2 Match the nouns and pronouns.
1 avec mon père   a avec elles
2 avec ma sœur   b avec lui
3 avec mes frères   c avec elle
4 avec mes cousines   d avec eux

➡ 145

Challenge!

A Fais une liste de 10 qualités pour être un père/une mère idéal(e).

B Écris un message personnel pour le forum sur ta famille.

C Décris ton meilleur ami/ta meilleure amie et dis pourquoi vous vous entendez bien.

- Discuss what you are (not) allowed to do
- Develop learning techniques
- Improve your pronunciation (vowel sounds)

À vos marques

a Lis les phrases du test 1. Numérote-les dans l'ordre d'importance pour toi (1–6).

b Lis les phrases du test 2. Numérote-les dans l'ordre d'importance pour tes parents.

Parents chic ou choc?
Fais ce test!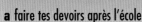

1

	Tu peux …	Tu n'as pas le droit de*…
a regarder la télé quand tu veux	👍	👎
b téléphoner aux copains	👍	👎
c sortir le soir avec des copains	👍	👎
d t'habiller comme tu veux	👍	👎
e dépenser ton argent de poche comme tu veux	👍	👎
f surfer sur Internet	👍	👎

2

	Tu dois …	Tu n'as pas besoin de*…
a faire tes devoirs après l'école	👎	👍
b ranger ta chambre le week-end	👎	👍
c t'occuper de ton petit frère/ta petite sœur	👎	👍
d aider à la maison	👎	👍
e aller à toutes les fêtes de famille	👎	👍
f téléphoner ou envoyer un SMS quand tu sors	👎	👍

tu n'as pas le droit de – you're not allowed t
tu n'as pas besoin de – you don't have to

Résultats:

A **Moins de** 👎 que de 👍 = Tes parents sont plutôt stricts.

B **Plus de** 👎 que de 👍 = Tes parents sont plutôt cool - un peu trop?

C **Autant de** 👍 que de 👎 = Tes parents sont sympa, stricts mais compréhensifs

 1a Écoute Lénaïc. Note ses réponses et choisis le bon résultat pour lui.

Exemple   1: a = pas le droit,
               b = peux, etc.

 1b Fais la même chose pour son amie Anaëlle.

 1c Réécoute et relie les Expressions-clés aux traductions.

a	Me too!	**c**	Neither do I!
b	I do/have!	**d**	I don't/haven't.

■ Expressions-clés ■ ■ ■ ■

Pas moi!	Moi aussi!
Moi non plus!	Moi si!

2a Faites le test à deux. Notez le nombre de 👍 et 👎 . Lisez les résultats.

2b Comparez et discutez!
Exemple
A: Moi, je n'ai pas le droit de sortir le soir avec des copains. Et toi?
B: Moi si, mais seulement le week-end.

3 De mémoire, écris les 12 choses que tu peux faire, n'as pas le droit de faire, dois faire ou n'as pas besoin de faire selon tes parents. Regarde Guide pratique!
Exemple Je peux m'habiller comme je veux.

Ça se dit comme ça!

Vowel sounds: FAQ

Cette année, le programme est chargé. Pour aller vite, on n'utilise plus les voyelles! Cmmnçns l lçn mntnnt.

Q Do accents on vowels make a difference?
A Some do.

1 Try saying these words and listen to check.
a anglais   Lénaïc   Soizig   égoïste
b aide   aidé   aime   aimé

Q Is u so different from ou?
A It is! Keep practising!

2 Say these and listen to check.
a tu/tout   **b** nu/nous   **c** dessus/dessous

Q When do I need to "speak through my nose"?
A Activity 3 helps you work out the rule.

3 Read these words aloud. When do you say the **n** or **m** after a vowel? Listen to check.
on:
breton   bretonne   réponse   personne
in/im/ain/un:
cousin   cousine   simplifier   dimanche
certain   certaine   lundi   unique
an/am/en/em:
tante   Anaëlle   champion   camarade
parent   partenaire   exemple   remarié

Rappel

Use an infinitive after:

Je peux/Je ne peux pas
J'ai le droit de/Je n'ai pas le droit de
Je dois/Je n'ai pas besoin de

Guide pratique

Memorizing

● To memorize a list of words/phrases, e.g. those from the test, page 18:
  • Use "C R I M E" (**Copie/Relis/Illustre/Mime/Enregistre et écoute**): write the phrases down several times; re-read as often as possible; illustrate them; invent a mime for them; record and listen to them as often as possible
  • List them in categories: e.g. **je peux (regarder la télé …), je n'ai pas le droit de (sortir avec des copains …)**, etc.
  • Use the "Roman Room" technique: connect each phrase with a room in your house, starting at the front door; to remember them, retrace your steps!
  e.g. 1 hall (telephone): **je peux téléphoner**; 2 sitting room: **je peux regarder la télé** etc.
  • build a story around them
  Le dimanche matin, je m'habille, puis je regarde la télé, etc. …

● To memorize tricky words:
Try choosing a "peg word" in English which rhymes or sounds similar
e.g. **dépenser** = expense (pence) = to spend money

Challenge!

A Qu'est-ce que tu dois faire ou n'as pas le droit de faire selon tes parents? C'est juste ou pas juste?

B À deux. Imaginez, écrivez et jouez la discussion entre Lénaïc et Anaëlle. Utilisez vos notes des activités 1a et 1b.

C Lettre ouverte: écris à tes parents. Explique ce qui va et ce qui ne va pas entre vous.

● Word order, sentence building, verbs

Q Is word order important?

A Yes, usually, if you want to make sense!

1 Copy these sentences in the correct order so that they make sense.
Use grammatical clues: masculine/feminine, singular/plural, verbs, etc.

a frère   parle   Mon   breton.

b mes copains.   Mon   n'est pas   avec   père   sympa

c J'ai   un chien   noir.   qui   a   une copine

d Je   cool.   bien   avec   ils   m'entends   mes parents
parce qu'   sont

➡ 146

Ma sœur mange la sardine.

La sardine mange ma sœur.

Q How can I build longer and more interesting sentences?

A Use connectives, adjectives and expressions of opinion to make what
you say more interesting. It is a good idea to use extended sentences
and you can do that relatively simply.

2 Expand each sentence by using as many words as you can from the box
below it.

a Je m'entends avec ma copine.

bien   elle   est   parce qu'   très   sportive

b mes parents sont sympa.

assez   Je   mais   pense   que   relativement   ils sont   stricts

c ma mère est stricte mais juste.

Je   est   trouve   très   que   elle   toujours

➡ 162

Beurk!

Je n'aime pas les sardines parce que je suis végétarienne et je ne veux pas manger de poisson.

Q Do I have to have a verb in my sentences?

A Newspaper headlines often don't contain verbs for space reasons.
Generally, a sentence isn't correct without a verb.

3 Use an appropriate verb from the box below to transform these
headlines into sentences. Remember, verbs agree with their subjects!

Example   La finale de basket, c'est ce soir, à 21 h.

a La finale de basket: *** ce soir, à 21 h.

b L'équipe de France *** au championnat d'Europe

c Le nouveau régime Fit&fun: *** des miracles

d Les baleines: *** des animaux en danger.

e Pour être en forme: *** tous à la piscine!

f Les élèves: *** des efforts aux examens

c'est   ce sont   va   allez   fait   font

➡ 146

Sardine = mission impossible!

Désolée, mais je ne <u>peux</u> pas <u>manger</u> cette sardine!

1.5 Grammaire en plus

● Verbs: infinitives, conjugated forms, present tense

Q What is the infinitive?

A The infinitive is the "neutral" form of a verb, the way you'll find it written in a dictionary, e.g. **jouer** (play).

It is used in instructions, headlines and sometimes as a noun.

You'll also find a verb in the infinitive when it follows another verb.

1 Spot the three infinitives in the cartoon and write the English.

Oh non! Je ne sais pas lire!

Mode d'emploi: Ouvrir... manger

➡ 146

Q How do I conjugate a verb?

A A verb changes its form according to:
● who does the action (subject)
● when the action happens: now, in the past, in the future (tense).

The ending of the infinitive can help us to conjugate the verb. In French there are three main groups of regular verbs: **-er**, **-ir**, and **-re** verbs. See pages 146–7 for a list of regular verbs and their present tense endings. ➡ 154

Q What about irregular verbs?

A You can find a list of irregular verbs and their endings on pages 155–7 of this book.

2 Regular or irregular? Check on pages 146–57.

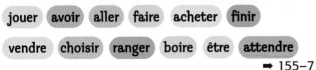

jouer avoir aller faire acheter finir

vendre choisir ranger boire être attendre

➡ 155–7

Q When do I use the present tense?

A Use the present tense in French to say:

a what you are doing right now

b what you generally do (e.g. on Friday evenings)

c how long you've been doing something (e.g. learning French)

d what you'll be doing for certain in the near future (e.g. this coming weekend)

3 Match these sentences to a–d above. Then choose the correct form of the verb.

1 Nous *part / partons / sommes partis* en vacances le week-end prochain.

2 Tous les vendredi soirs, il *prend / prends / a pris* des cours de guitare.

3 Tu *apprend / apprends / ai appris* le français depuis longtemps?

4 Je vous *écris / écrit / écrivez* cette lettre pour me présenter.

➡ 146

Q How do I form the present tense?

A Look at the verb tables on pages 154–7 to remind you how to form the present tense of regular and irregular verbs.

4 Listen to "Present tense and relax", a rap to help you remember typical present tense endings. Then fill in the endings of these verbs in the present tense. Use the verb tables on pages 154–7 to help you.

a je jou***; je par***; je peu***

b tu mang***; tu sor***; tu veu***

c il chant***; elle prend***; on fai***

d nous aim***; the one exception: nous s***

e vous finiss***; the three exceptions: vous ê***, vous f***, vous d***

f ils parl***; elles comprenn***; the four exceptions: ils s***, elles o***, ils f***, elles v***

➡ 146

1a
Lis et écoute le poème et trouve le nom des animaux illustrés. Cherche dans le glossaire ou un dictionnaire si nécessaire.

1b
Trouve les expressions qui veulent dire:

a to be short-sighted
b to be very slim
c to have a ponytail
d to be very cunning
e to be very happy
f to have a bad temper
g to be very slow
h to eat very little
i to be very proud
j to be stupid
k to be very quiet
l to have a really good laugh

1c
Devine les autres expressions! Vérifie dans un dictionnaire.

2a
Écris un poème sur ta famille ou tes amis. Utilise des expressions du texte.

2b
Tu peux aussi inventer des images un peu folles, comme sur ce modèle!

Exemple

Mon frère est *pénible* comme *un moustique* qui *a une faim de loup!*

Ma sœur est *drôle* comme *un singe* qui *rit comme une baleine*.

Quelle famille bizarre!

Mon grand-père est myope comme une taupe
Il marche comme un crabe
et il avance comme un escargot.
Mais aujourd'hui, bizarre bizarre,
    il court comme un zèbre!

Ma grand-mère a une taille de guêpe.
Elle mange comme un moineau
et elle est légère comme une plume.
Mais aujourd'hui, bizarre bizarre,
    elle a une faim de loup!

Mon père est frisé comme un mouton
Il a une belle queue de cheval
et il en est fier comme un pou.
Mais aujourd'hui, bizarre bizarre,
    il est chauve comme un œuf!

Ma mère est fine comme une mouche.
Elle est rusée comme un renard
et elle a une mémoire d'éléphant.
Mais aujourd'hui, bizarre bizarre,
    elle est bête comme une oie!

Ma sœur est bavarde comme une pie.
Elle est gaie comme un pinson
et elle chante comme un rossignol.
Mais aujourd'hui, bizarre bizarre,
    elle est muette comme une carpe!

Mon frère a un caractère de chien.
Il est têtu comme une mule
et c'est une vraie tête de cochon.
Mais aujourd'hui, bizarre bizarre,
    il rit comme une baleine!

1 Vocabulaire

Ça va ou ça ne va pas? / Is it OK or not?

C'est sympa (avec …)	It's great (with …)
C'est l'horreur (avec …)	It's horrible (with …)
Je m'entends bien avec …	I get on well with …
Je ne m'entends pas avec …	I don't get on with …
… lui/elle/eux/elles.	… him/her/them (boys)/them (girls).
Il/Elle me comprend.	He/She understands me.
On s'entend bien …	We get on well …
On ne s'entend pas …	We don't get on …
parce qu'il/elle est …	because he/she is …
assez/plutôt	rather
un peu/relativement	a bit/relatively
carrément/pas du tout	completely/not at all
énervant(e)/ouvert(e)	irritating/open
gentil(le)/généreux(euse)	kind/generous
têtu(e)/égoïste	stubborn/selfish
pénible/drôle	a pain/funny
sympa/cool	nice/cool, relaxed

Ma famille / My family

Dans ma famille, il y a/ J'ai …	In my family, there are/I have…
un frère qui s'appelle …	a brother called …
une sœur qui a 10 ans	a sister who's 10
un (demi-)frère	(step-)brother
une (demi-)sœur	(step-)sister
Je suis fils/fille unique.	I am an only child.
Mes parents ont divorcé.	My parents divorced.
Ma mère s'est remariée.	My mother remarried.
un (beau-)père	(step-)father
une (belle-)mère	(step-)mother
un oncle/une tante	uncle/aunt
un(e) cousin(e)	cousin
les grands-parents	grand-parents

Moi et toi / Me and you

Moi aussi!	Me too!
Pas moi!	I don't/haven't!
Moi non plus!	Nor do/have I!
Moi si!	I do/have!

Chez moi / At home

Je peux/Je ne peux pas …	I can/I can't …
J'ai le droit de/Je n'ai pas le droit de …	I'm allowed to/I'm not allowed to …
Je dois/Je n'ai pas besoin de …	I have to/I don't need to …
regarder la télé quand je veux	watch TV whenever I want
téléphoner aux copains	phone my friends
sortir le soir avec des copains	go out at night with my friends
m'habiller comme je veux	dress how I like
dépenser mon argent de poche comme je veux	spend my pocket money as I like
surfer sur Internet	surf the Internet
faire mes devoirs après l'école	do my homework after school
ranger ma chambre le week-end	tidy my bedroom at the weekend
m'occuper de mon petit frère/ma petite sœur	take care of my little brother/sister
aider à la maison	help with the housework
aller à toutes les fêtes de famille	go to all family celebrations
téléphoner ou envoyer un SMS quand je sors	phone or text when I go out

1 Podium

I know how to:

- give information about Lénaïc Le Braz, his family and where he is from: Il s'appelle …; Il habite à … Il a un frère et une demi-sœur, etc.

- understand reasons for speaking/learning a language: On ne veut pas oublier la culture de la Bretagne. Je vais au lycée bilingue. C'est plus facile d'apprendre d'autres langues. etc.

- describe my family: J'ai une frère, une demi-sœur; mes parents ont divorcé. Ma mère s'est remariée. etc.

- describe my character and other people's: Je suis/Il est/Elle est sympa, cool, drôle; ouvert(e), généreux(euse) etc.

- say how I get on with people: C'est sympa/l'horreur. Je (ne) m'entends (pas) bien avec lui/elle. Il/Elle (ne) me comprend (pas). On (ne) s'entend (pas) bien.

- give an opinion and justify it: moi, je pense/trouve que …; pour moi; parce que, car, par contre, mais, etc.

- discuss what I am and am not allowed to do: Je (ne) peux (pas) sortir avec des copains. J'ai/Je n'ai pas le droit de regarder la télé quand je veux. Je dois ranger ma chambre. Je n'ai pas besoin de faire mes devoirs après l'école.

- use qui in extended sentences: J'ai un frère qui s'appelle Erwan et qui a 15 ans.

- use emphatic pronouns moi, toi, lui, elle, eux, elles: Je m'entends bien avec eux.

- use typical French word order to build sentences

- recognize French infinitives and form the present tense

- use the Internet for research

- develop learning techniques to memorize vocabulary

- improve my pronunciation of vowel sounds

 Choose celebrities to make up your ideal family. Draw a family tree: label each person and describe them. Mon père idéal, c'est Pierce Brosnan. C'est un acteur. Il est cool et sympa.

 Do the bronze activity and explain why you chose those people (why you get on, what you do together, what they let you do, etc.) Avec Pierce Brosnan, je peux aller au cinéma voir des films d'action! etc.

 Imagine you're a parent. Are you cool or strict? Explain why. Je suis un père/une mère assez strict(e) parce que … Mais, je suis aussi …. Selon moi, mes enfants ont le droit de … mais ils ne peuvent pas …

2 Au boulot!

- **Contexts:** pocket money and jobs
- **Grammar:** negatives (*ne … pas/plus/jamais/rien/que*); perfect tense; reflexive verbs
- **Language learning:** writing persuasively and checking your work
- **Pronunciation:** consonant sounds
- **Cultural focus:** Auvergne region

OFFRES D'EMPLOI

Musique de France

Cherchons vendeur/vendeuse
pour les week-ends
(début juin)
Expérience préférable mais
pas essentielle
Envoyer CV et lettre de motivation à:
Julien, MdF, Passage Julien, 63000 Clermont
Tél: 04.73.54.67.37

DEMANDES D'EMPLOI

Je cherche un petit boulot:
vendeuse, serveuse,
baby-sitter, cours d'anglais.
16 ans, lycéenne, bilingue
(anglais-français), sérieuse
et responsable.
Disponible le mercredi
après-midi et le week-end.
Contactez Camille
Robertson: 06 42 54 36 27

Je cherche un job d'été:
serveur/vendeur
18 ans, étudiant, motivé,
énergique, consciencieux.
Disponible juillet/août
6 mois d'expérience en cafétéria.
Références.
Contactez Simon Barral:
06 02 76 86 43

 1 Lis les annonces et trouve:
  a job (3 different words)
  b to look for (a job)
  c salesman/saleswoman
  d waiter/waitress
  e letter of application
  f summer job
  g available

2 Écoute la conversation de Camille à Musique de France. Note les six questions.

3a À deux: inventez la conversation de Simon (voir la petite annonce). Écoutez et vérifiez.

 3b Qui va avoir le job? Discute avec un(e) partenaire.
  Exemple Moi, je pense que c'est …, parce qu'il/elle …

4a Tu cherches un job. Recopie et complète la fiche.

4b À deux: imaginez une conversation avec un employeur. Changez de rôle.

Je cherche: _____
Âge: _____
Occupation: _____
Qualités: _____
Disponible: _____
Expérience: _____
Contactez: _____

- Find out more about Camille Robertson and where she lives
- Discuss reasons for learning a language

À vos marques

Lis les infos sur Camille. Trouve le plus rapidement possible les noms de:
a membres de la famille   **b** villes
c professions   **d** langues.

1a Lis la fiche et les trois textes. Écoute Camille. Note six détails supplémentaires.
Exemple Son anniversaire, c'est …

1b Réécoute et note les sept questions.

1c À deux, faites l'interview de Camille. **A** pose les questions, **B** répond pour Camille.
Exemple
A: Comment tu t'appelles?
B: Je m'appelle Camille Robertson. etc.

> À la maison, on parle français et anglais. Je vais dans une École Internationale, où il y a des élèves de 20 nationalités différentes! Mes cours sont en anglais et en français.
>
> Je vais souvent chez mes grands-parents en Angleterre, alors c'est pratique de bien parler anglais. J'apprends aussi l'espagnol à l'école parce que je pense que parler des langues, ça aide à trouver du travail plus tard. Ça va être très utile pour mon stage* à Vulcania! Je vais utiliser l'anglais et un peu l'espagnol avec les visiteurs étrangers.
>
> Plus tard, je rêve de faire des études* de théâtre à la Royal Academy of Dramatic Arts, à Londres. Comme je parle bien anglais, je vais peut-être pouvoir y aller!

Camille

stage – work experience
faire des études – to study

Nom:	Robertson
Prénom:	Camille
Âge:	16 ans
Domicile:	23, rue Édouard-Michelin, 63000 Clermont-Ferrand
Famille:	son père; sa mère; sa sœur, Constance
Profession des parents:	père: ingénieur, mère: professeur
Ambition:	être actrice de théâtre
Langue(s) parlée(s)	français, anglais, espagnol

2a Écoute Camille et lis. Réponds.
a Quelles langues parle-t-elle? Où?
b Pourquoi pense-t-elle que les langues sont importantes? (deux raisons)

2b D'accord ou pas d'accord avec Camille? Discute avec un(e) partenaire en anglais.

Mon père, Patrick, est anglais. Il est en France depuis 17 ans. Il parle français couramment et il est ingénieur.*

Ma mère, Catherine, a habité plus de 10 ans à Londres et elle parle très bien anglais. Elle est professeur d'anglais à mi-temps dans des écoles primaires.

Ma sœur, Constance, a 13 ans. On est différentes, mais on s'entend bien. Elle est très sportive et, plus tard, elle voudrait être nageuse professionnelle.

 * for

Vulcania

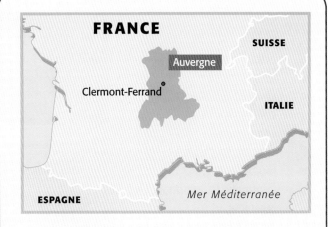

FRANCE

SUISSE

Auvergne

Clermont-Ferrand

ITALIE

ESPAGNE

Mer Méditerranée

L'Auvergne

Situation:	centre de la France
Habitants:	1,3 millions (les Auvergnats)
Langue(s):	français
Villes principales:	Clermont-Ferrand (Moulins, Aurillac, Le Puy)
Climat:	assez humide, froid en hiver, chaud en été
Gastronomie:	fromages et charcuteries
Principaux loisirs:	sports de montagne (ski, parapente, randonnées)

3a Lis la fiche. Relie les légendes a–e aux bonnes photos.

a Le parc Vulcania: pour tout savoir sur les volcans

b Les usines Michelin, le géant mondial du pneu, installées à Clermont

c Clermont-Ferrand: une ville noire en pierre volcanique

d Le Parc Naturel des Volcans: une chaîne de 80 volcans éteints

e Le parapente: une activité très populaire

3b Écoute Camille et vérifie.

3c Réécoute. Note les choses qu'elle aime et qu'elle n'aime pas dans sa ville et sa région.
Exemple Elle adore le parc des volcans.

Challenge!

A Remplis une fiche d'identité pour toi.

B Écris sur ta région: trois choses que tu aimes bien et trois choses que tu n'aimes pas.

C Imagine et écris le portrait de Constance, la sœur de Camille.

2.2 Le hit-parade des métiers

- Name popular jobs
- Ask someone about their job
- Discuss what job you would like to do and why
- Pronounce consonant sounds

À vos marques

a Recopie et complète ces noms de métiers (d'*Équipe nouvelle 1* et *2*).

b Fais trois groupes. Explique.

caissi**e   chant***e   comédie**e
composit**r   denti***
football**r   mannequ**   médec**
productr**e   profess***

a acteur/actrice
b avocat/avocate
c chanteur/chanteuse
d coiffeur/coiffeuse
e commercial
f éducateur/éducatrice
g footballeur
h informaticien/informaticienne
i ingénieur
j journaliste
k mécanicien/mécanicienne
l médecin
m pilote d'avion
n pompier
o professeur
p puéricultrice
q secrétaire

ÉCOUTER 1 Écoute et note les lettres des métiers préférés (1) des filles; (2) des garçons en France.

ÉCOUTER 2a Écoute et regarde les photos. Qui parle?

PARLER 2b A dit le métier et B le numéro de la photo.
Exemple A: Je suis + *métier*
B: Tu es numéro …

PARLER 2c Parle des personnes sur les photos.
Exemple
A: Numéro x, qu'est-ce qu'il/elle fait comme métier?
B: Il/Elle est (+ *appropriate job*)

Expressions-clés

Qu'est-ce que vous faites comme métier?
Qu'est-ce qu'il/elle fait comme métier?
Il est   mécanicien/coiffeur/acteur/
           journaliste/professeur
Je suis
Elle est   mécanicienne/coiffeuse/actrice/
           journaliste/professeur

NB No article when talking about professions in French:

I am a doctor. = Je suis médecin.

Je rêve d'être comédienne parce que je suis très bonne en français au lycée et surtout dans mes cours d'art dramatique. Mon idole, c'est Audrey Tautou. J'adore la lecture. Je suis calme, patiente et j'ai une bonne mémoire. J'aime beaucoup travailler avec d'autres gens et j'aime le contact avec le public. Mon ambition, c'est de jouer des pièces de Shakespeare.

3 Camille explique pourquoi elle veut être comédienne. Note ses huit raisons.

4 Maintenant, écoute Théo et Sophie. Utilise les Expressions-clés soulignées pour noter les raisons de leur choix.

Pour Théo: l'informatique   *Pour Sophie: l'hôtellerie*

Expressions-clés

Qu'est-ce que tu voudrais faire plus tard?

Je voudrais/J'aimerais bien/Je rêve de/d'…
… être comédien/comédienne
… travailler dans l'informatique/l'hôtellerie
                avec les ordinateurs
parce que/qu'…
j'aime les maths/le contact avec les gens, etc.
je suis bon(ne) en maths
je suis/je ne suis pas patient(e), timide, etc.
on peut parler les langues étrangères/gagner
   beaucoup d'argent

Ça se dit comme ça!

Consonants: FAQ

On dit "Ouaterloo" ou "Vaterloo"?

Ouaterloo.

Vous habitez ici?

Non, je suis en ouacances.

Q How do French consonants sound?
A Some sound different to English ones.

1 Read and listen to check.

*c: "k" or "ss"	Camille – avocat – ça – commercial – garçon
ch: "sh" not "tch"	chanteur
j: "j" not "dj"	journaliste
g: "j" sound, not "dje"	ingénieur
gn:	Auvergne – montagne
qu: not "qwa"	musique – mannequin
s/ss	secrétaire – coiffeuse – professeur
-sme	tourisme
th: "t"	théâtre

*c = "ss" before **e** and **i**; **c** = "k" before **a**, **o**, **u** except with cedilla – **ç**.

Q Why do some French consonants sound sharper and clearer?
A French "p, t, k" sounds are not "breathy".

2 Listen: Patrick   acteur   pilote

Q How can I pronounce the French "r"?
A It comes from the back of the throat, but is soft.

3 Think of the "ch" in the Scottish "loch". Say this tongue twister. Listen and check.

Trente-trois très gros crapauds gris

Challenge!

A Écris ton Top 10 des métiers et compare avec une partenaire.

B Sur le modèle de Camille, écris une bulle pour Théo ou Sophie.

C Et toi? Écris ce que tu voudrais faire plus tard et explique pourquoi (60 mots exactement).

2.3 L'argent de poche

- Talk about pocket money: how much, how often, from whom
- Say what you spend it on and what you save it for
- Use negatives: *ne ... pas/plus/rien/jamais/que*

À vos marques

Trouve l'équivalent de ces sommes dans la monnaie de ton pays. Tu es plus rapide que ton/ta partenaire?

quatre-vingt-quatre   trente-cinq

vingt-six   quarante-huit

soixante-seize   cinquante-six

LIRE 1 Lis le sondage sur l'argent de poche. Cherche au maximum trois mots nouveaux dans le dictionnaire.

ÉCOUTER 2 Écoute et note les réponses de Camille et Matthieu.
Exemple   Camille: 1a

PARLER 3a À deux, faites le sondage. Utilisez et adaptez les Expressions-clés.
Exemple
A: As-tu de l'argent de poche? Combien?
B: J'ai de l'argent en cadeau, quand j'ai de bonnes notes.

ÉCRIRE 3b En classe: mettez les réponses en commun et faites un graphique.

Voilà ton argent de poche, Toto! Eh bien, qu'est-ce que tu dis?

Eh... C'est tout????

▪▪■ Expressions-clés ■■■■■■■■■■■■

L'argent de poche: sondage

1 As-tu de l'argent de poche? Combien?
  a J'ai ▨▨▨ euros par semaine/mois.
  b J'ai de l'argent en cadeau (anniversaire, Noël, etc.)
  c Je n'ai pas d'argent de poche.

2 Qui te donne ton argent de poche?
  a C'est ma mère/mes parents/mes grands-parents/autre: ▨▨▨
  b J'aide à la maison et on me donne de l'argent.
  c Je fais un petit boulot pour gagner de l'argent.

3 Qu'est-ce que tu fais avec ton argent?
  a J'achète des CD/des magazines/des bonbons/autres: ▨▨▨
  b Je sors, je vais au cinéma/à la piscine/autre: ▨▨▨
  c Je mets de l'argent de côté.

4 Pourquoi mets-tu de l'argent de côté?
  a Pour m'acheter un ordinateur/des vêtements/des jeux vidéo/un portable/autre: ▨▨▨
  b Pour avoir de l'argent pour plus tard (pour les études, etc.)
  c Je ne mets rien de côté.

4a Lis la conversation de Théo et Sophie.

4b Regarde le Zoom grammaire. Complète avec la bonne négation. Écoute et vérifie.

Sophie: Tu as de l'argent de poche, toi?

Théo: Oui, mes parents me donnent 40 euros par mois. Et toi?

Sophie: Avant oui, mais cette année, non: ils *** me donnent ***!

Théo: Alors, tu ***as *** d'argent de poche?

Sophie: Non, alors je fais un petit boulot, mais je *** gagne *** 15 euros par mois.

Théo: Ce ***est *** beaucoup!

Sophie: Je sais. Je *** peux *** mettre d'argent de côté. C'est frustrant.

Théo: Allez, je t'invite au cinéma, ce soir!

Sophie: Oh Théo, c'est sympa.

 5 À deux, regardez les réponses de Jules et Lucie au sondage, page 30. Inventez une conversation.

Exemple

A (Lucie): Alors, tu as de l'argent de poche, toi, Jules? Combien?

B (Jules): Non, je n'ai jamais d'argent de poche. etc.

Jules: 1c, 2c, 3a (jeux vidéo), 4c

Lucie: 1a: 10 euros/semaine; 2b; 3a: CD, DVD; 3b: cinéma; 3c; 4b

Zoom grammaire: negatives

1 Match the French to the English translations.

1	ne … pas	**a**	nothing
2	ne … plus	**b**	only
3	ne … rien	**c**	no longer
4	ne … jamais	**d**	not
5	ne … que	**e**	never

2 What do you notice about the word order in negative sentences?

What happens to the article **un/une/des** after a negative?

Tu fais un petit boulot?

Non, je ne fais pas de petit boulot.

Tu as des magazines?

Non, je n'ai plus de magazines.

3 What do you notice about the word order in these sentences?

Tu aimes faire du baby-sitting?

Je n'aime pas faire du baby-sitting.

Il veut aller au cinéma?

Non, il ne veut jamais aller au cinéma.

4 Translate these sentences into English.

a Je ne mange pas de bonbons le matin.

b Il ne mange plus de bonbons depuis qu'il a mal aux dents.

c Elle ne mange jamais de bonbons parce qu'elle est diabétique.

d Ils ne mangent que des bonbons sans sucre.

e Elle ne va plus jamais manger de bonbons!

5 Make these positive statements negative.

a Je mets toujours 10 euros de côté.

b Il achète tout sur Internet.

c Je veux toujours aller au cinéma avec toi.

d Elle va faire un stage.

➡ 152

 Challenge!

A Écris tes réponses au sondage, page 30.

B Imagine: tu gagnes 500 euros. Qu'est-ce que tu fais?

C À ton avis, quelle est la somme d'argent de poche idéale? Explique pourquoi.

2.4 Premier boulot

- Say what part-time job you do and what you think of it
- Say if you've ever worked before, what you did and what you thought of it
- Learn how to write persuasively

À vos marques

a Retrouve les petits boulots et relie aux dessins.

b À deux, trouvez d'autres idées de petits boulots. Utilisez un dictionnaire.

faire	à la maison
laver	des chiens
faire	dans un magasin
travailler	des courses
aider	des voitures
promener	du baby-sitting

1a Écoute les six jeunes parler de leur petit boulot. Qu'est-ce qu'ils en pensent? Prends des notes (regarde les Expressions-clés).

Exemple **1** promener des chiens; sympa/mal payé

1b Réécoute. Note les autres opinions. Voir Expressions-clés, page 29.

Exemple **1** j'adore les animaux

2 Choisis un boulot ci-dessus et discute avec un(e) partenaire.

Exemple

A: Tu as un petit boulot?
B: Oui, je fais du baby-sitting.
A: C'est comment?
B: C'est bien payé, mais je n'aime pas les enfants, alors c'est nul!

3 Lis l'e-mail de Camille. Réponds.

a C'est quoi son job?

b Elle travaille quand? (2 détails)

c C'est comment? (6 détails)

Expressions-clés

Tu as un petit boulot/un job?
C'est comment?
C'est sympa/intéressant/bien payé
mais c'est dur/fatigant/mal payé
+ *voir aussi Expressions-clés, p. 25*

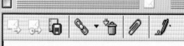

Salut!

Cette semaine, j'ai vu une pièce au théâtre. J'ai acheté ma place avec <u>mon</u> argent de poche. Super, non! Je fais un petit boulot pour gagner de l'argent: depuis deux mois, je travaille quatre heures dans un magasin de musique le samedi après-midi. C'est mon premier job. C'est sympa et c'est intéressant.

J'aime bien le contact avec les clients et j'adore la musique, surtout le rock! Et puis c'est assez bien payé! Je parle même anglais avec les touristes qui viennent au magasin! C'est une bonne expérience pour mon stage à Vulcania l'été prochain.

Et toi, tu as un petit boulot? C'est comment? Tu vas faire un stage bientôt? Raconte-moi tout!

Camille

4 Camille est acceptée en stage à Vulcania. Lis sa lettre de motivation. Vrai ou faux?

a Elle n'est jamais allée à Vulcania.
b Elle a beaucoup aimé les expositions sur les volcans.
c Elle a déjà fait un stage à Vulcania.
d Elle n'a eu qu'un job.
e Elle n'a rien appris pendant son premier boulot.

Guide pratique

Writing to convince!

● Focus each paragraph on one main idea.

1 Match each heading to a paragraph in the letter.

a qui je suis
b mes qualités
c mon expérience
d pourquoi un stage à Vulcania
e en conclusion

● Choose words (adjectives, adverbs, verbs, etc.) to make your point more strongly.

2 Which green words in the letter replace the following, which have less impact?

beaucoup   j'aimerais bien   bon   je pense
très bonne   intéressantes   très utile

● Position words for maximum impact.

3 Look at the phrases in blue in the letter. Why do you think their position makes a difference here?

● Check spelling, agreements (masculine/feminine, singular/plural, etc.).

4 How would a boy need to adjust the letter?

Challenge!

A Réponds à l'e-mail de Camille, page 32. Si tu n'as pas de petit boulot, invente!

B Écris un paragraphe de la lettre de motivation idéale pour répondre à l'annonce du parc Astérix. Utilise la lettre de Camille comme modèle.

C Écris ta lettre de motivation pour répondre à l'annonce du parc Astérix.

Monsieur/Madame

1 *Je m'appelle Camille Robertson. J'ai 16 ans et j'habite à Clermont-Ferrand. Comme je suis bilingue (mon père est anglais), je suis étudiante à l'École internationale à Clermont.*

2 *J'aimerais vraiment faire mon stage à Vulcania cet été. Pour moi, c'est l'endroit idéal parce que j'ai déjà visité Vulcania et j'ai trouvé les expositions sur les volcans passionnantes.*

3 *Comme je suis calme et patiente, je suis persuadée que j'ai les qualités idéales pour travailler à l'accueil* de Vulcania. En plus, j'ai un grand avantage, c'est que je parle trois langues, français, anglais et espagnol depuis quatre ans. C'est indispensable pour les contacts avec des visiteurs étrangers.*

4 *Comme expérience, j'ai déjà travaillé dans un magasin de musique. C'était très intéressant. J'ai énormément appris sur les contacts avec les clients et j'ai même parlé anglais avec les touristes.*

5 *Je suis certaine que je peux être utile au service accueil de Vulcania et qu'un stage à Vulcania peut être une excellente expérience pour moi pour plus tard. J'espère donc vous rencontrer très bientôt.*

6 *Veuillez agréer l'expression de mes sentiments respectueux.*

Camille Robertson

* reception desk

Stages au Parc Astérix

Vendeur/Vendeuse de glaces (16-20 ans).
Durée: 1 mois
Salaire: 150 - 250 euros/mois
Expérience dans la restauration: préférable mais pas essentielle
Langue: français + anglais, espagnol ou allemand
Qualités personnelles: dynamique et motivé(e)

2.5 Grammaire encore

● Past and present

Q When do I need to use the *passé composé* and not the present?

A When what you're talking about has already happened and the action is now over.

Last year, I worked in a shop.
L'année dernière, j'ai travaillé dans un magasin.

I have already worked in a shop.
J'ai déjà travaillé dans un magasin.

1 Copy the sentences with the verb in the correct tense.

a Mes parents *divorcent / ont divorcé* quand j'avais huit ans.

b La majorité des couples qui *divorcent / ont divorcé* chaque année n'ont pas d'enfants.

c Mes copines *regardent / ont regardé* tous les films d'horreur quand ils passent à la télé!

d Des millions de spectateurs *regardent / ont regardé* le match France–Brésil en 1998.

➡ 147

Leçon de grammaire: le présent et le passé composé.

Si je dis: "Tu as été bon élève", c'est le passé composé. Et si je dis: "Tu es bon élève", c'est quoi, Toto?

Ce n'est pas vrai, m'sieur!

Q How can I tell it is the *passé composé* and not the present?

A In the present, the verb has one part:

il mange (he eats/is eating)
In the **passé composé**, the verb has two parts:
il a mangé (he ate/he's eaten)
The two parts are:
1 the auxiliary – **avoir/être** in the present tense:
ai/as/a/avons/avez/ont
or **suis/es/est/sommes/êtes/sont**
2 the past participle of the verb used, e.g.:
manger = mangé; finir = fini; venir = venu;
faire = fait; prendre = pris

2 Which sentences are in the **passé composé**?

a Je promène trois chiens le samedi matin.

b Tu as dépensé tout ton argent?

c Oui, j'ai acheté trois DVD.

d Je suis allée à un mariage ce week-end.

e Tu vas aller à la communion de ta cousine?

f Tu prends l'Eurostar à la Gare du Nord.

g J'ai pris l'avion et le car.

h On va prendre un café et un thé, s'il vous plaît.

3 Listen to the 10 teenagers. Note if they are talking about jobs they do now (N) or have done in the past (P).

➡ 147

Q How can I remember when to use *être* and not *avoir*?

A Most verbs involving going from one place to another tend to use **être** and not **avoir** in the **passé composé**, although not all do.

4 Listen and read this riddle. Can you guess who is speaking? Learn it by heart!

Remember: the past participle doesn't agree with the subject of the verb if used with **avoir**, but it does with **être**.

➡ 148

Qui sommes nous?	
Je suis mort, c'est le soir …	Et moi, je suis née
Je suis parti dans le noir …	Moi, je suis arrivée
Je suis sorti par là-bas …	Et moi, je suis entrée
Je suis descendu tout bas …	Et moi, je suis montée
Je suis tombé très loin …	Et moi, je suis restée
Je suis revenu au matin …	Et moi, je suis allée …
	me coucher!

2.5 Grammaire en plus

● The *passé composé* and negatives; reflexive verbs in the *passé composé*

Q How do I form negatives in the *passé composé*?

A As a rule: **ne/n'** and **pas/plus/jamais/rien** go either side of the auxiliary (**avoir** or **être**).

Je n'ai pas travaillé. **Je n'ai plus travaillé.**

Je n'ai jamais travaillé. **Je n'ai rien fait.**

But:

Je n'ai travaillé que deux mois.

1 Answer the questions using the negatives in brackets.

  a Tu as fait le ménage chez toi? (ne … jamais)
  b Tu as mis combien d'argent de côté? (ne … rien)
  c Tu as bien aimé garder ta petite cousine? (ne … pas)
  d Tu as refait du baby-sitting? (ne … plus)
  e Tu as gagné beaucoup d'argent? (ne … que 10 euros)

➡ 153

Le prof:	Toto, conjugue "manger du jambon" au passé composé.
Toto:	Je n'peux pas, m'sieur, je suis végétarien!
Le prof:	Ridicule! Vas-y toi, Momo!
Momo:	Je n'ai jamais mangé de jambon, tu n'as jamais mangé de jambon, il n'a …

Q How do I use reflexive verbs in the *passé composé*?

A Reflexive verbs need a pronoun between the subject and the verb:

  me/m', te/t', se/s', nous, vous, se/s' + **lever/laver/coucher**, etc.
  je me lève, nous nous lavons, etc.

All reflexive verbs use **être** in the **passé composé** and the past participles agree with the subject of the verb.

2 Adapt the bubble in the joke on the right for Mademoiselle Anna Nas.

3 Rewrite this letter in the **passé composé**. Remember, the past participle agrees with the subject!

  Example J'ai fait un stage dans une boulangerie. Le premier jour, je me suis réveillé …

Je fais un stage dans une boulangerie. Le premier jour, je me réveille à 5 heures du matin. Je me lève, je me prépare et je vais au magasin. Je m'occupe des croissants et des baguettes. L'après-midi, c'est plus calme, je m'ennuie un peu, alors je me repose. Le soir, je me couche vers 10 heures!

➡ 151

Désolé d'être en retard à l'entretien, mais je me suis pressé! Oh pardon, je ne me suis pas présenté: Tine, Clément Tine.

Q How do I use reflexive verbs with negatives in the *passé composé*?

A Follow this formula: subject pronoun + **ne/n'** + reflexive pronoun + part of **être** + **pas/plus/jamais** + past participle

4 Write these sentences in the correct order!

  a pas ne s' habillé. est Il
  b ne s' jamais est peignée. Elle
  c se ne jamais lavés. sont Ils

5 Match the two halves of these sentences.

  1 Pierre est allé dans la salle de bains, mais …
  2 Marie s'est réveillée tôt, mais …
  3 Les élèves sont arrivés en retard parce qu' …
  4 Je n'ai pas trouvé mes vêtements, alors …

  a ils ne se sont pas levés assez tôt.
  b il ne s'est pas lavé.
  c je ne me suis pas habillé.
  d elle ne s'est pas levée.

➡ 153

Musique YANN TIERSEN

CLAUDIE OSSARD et UGC présentent
Le Fabuleux Destin d'Amélie Poulain
Un film de JEAN-PIERRE JEUNET

Nom:	Tautou
Prénom:	Audrey
Née:	le 9 août 1976, en Auvergne
Famille:	père (dentiste), mère (professeur), un frère, deux sœurs
Profession:	actrice
Qualités:	travailleuse, consciencieuse, très déterminée
Défauts:	un peu étourdie* (mais jamais au travail!)
Langues:	français, allemand, un peu d'anglais
Passe-temps:	les voyages, la musique

* absent-minded

 1 **LIRE** Lis l'article et la fiche et trouve: 6 noms de métiers; 4 qualités; 4 négations; 3 verbes pronominaux (*reflexive verbs*).

2 **ÉCRIRE PARLER** À deux, faites l'interview d'Audrey.
A prépare et pose des questions,
B répond pour Audrey.
Exemple
A: Vous êtes née où et quand?
B: Je suis née à …

 3 **ÉCRIRE** Imagine: écris la lettre de motivation d'Audrey Tautou après son succès dans *Vénus Beauté*. Utilise les informations de la fiche et du texte. Regarde aussi page 33.

Une star venue d'Auvergne!

Audrey Tautou a grandi à Montluçon, en Auvergne. C'était une petite fille sérieuse, qui a toujours bien travaillé à l'école. Jusqu'à 14 ans, elle voulait être primatologue et étudier les singes*, "comme Sigourney Weaver dans *Gorilles dans la Brume*". Elle a même demandé à ses parents d'avoir un singe à la maison, mais ils n'ont jamais accepté!

Plus tard, elle s'est intéressée au théâtre parce qu'elle aimait le contact avec les gens et le travail en équipe. Après le lycée, elle est allée à l'université à Paris pour étudier la littérature, mais elle a aussi pris des cours dans une école de théâtre, le Cours Florent.

Les parents d'Audrey ont beaucoup encouragé leur fille à ses débuts. Ils lui ont donné de l'argent de poche et elle n'a jamais fait de petits boulots. "J'ai eu beaucoup de chance," dit-elle. Elle s'est présentée à des auditions pour jouer dans des téléfilms. En 1998, elle a gagné le prix "Meilleure Jeune Comédienne" au Festival du Jeune Comédien de cinéma, à Béziers.

Fin 1998, Audrey a eu une audition pour un rôle d'esthéticienne dans le film, *Vénus Beauté*. Le jour de l'audition, elle n'a pas eu de chance: elle s'est perdue dans Paris! Elle est arrivée en retard. Elle a beaucoup pleuré! Alors, la réalisatrice a dit à Audrey de revenir … et elle a eu le rôle! En 2000, elle a obtenu le César du Meilleur Espoir féminin pour ce premier rôle. C'était pendant ce film qu'elle a vraiment appris le métier d'actrice. C'était une très bonne expérience et elle n'a rien oublié!

En 2001, Audrey est devenue une star internationale avec son rôle d'Amélie dans le film *Le Fabuleux Destin d'Amélie Poulain*. Depuis, elle a tourné dans de nombreux films, en France et à l'étranger. Elle est allée faire des films en Angleterre et aux États-Unis. Heureusement, elle adore voyager!

* apes, monkeys

Vocabulaire

Demande d'emploi	Job ad
Je cherche …	I'm looking for …
un petit boulot	a part-time job
un job d'été	a summer job
une lettre de motivation	letter of application

Boulots/Métiers	Jobs
Tu as un petit boulot/un job?	Do you have a (part-time) job?
C'est comment?	What's it like?
C'est sympa/intéressant/bien payé	It's nice/interesting/well paid
mais c'est dur/fatigant/mal payé	but it's hard/tiring/badly paid
Qu'est-ce que vous faites comme métier?	What job do you do?
Qu'est-ce qu'il/elle fait comme métier?	What job does he/she do?
Je suis/Il/Elle est …	I am/He/She is a …

See page 24 for some professions.

Mon ambition	My ambition
Qu'est-ce que tu voudrais faire plus tard?	What would you like to do later on?
Je voudrais …/J'aimerais bien …	I'd like to …
Je rêve de/d'…	My dream is …
… être comédien/comédienne	to be an actor/actress
… travailler dans l'informatique/avec les ordinateurs	to work in IT/with computers
parce que/qu'…	because …
j'aime les maths/le contact avec les gens	I like maths/contact with people
je suis bon(ne) en maths	I'm good at maths
je suis/je ne suis pas patient(e)/timide	I am/I'm not patient/shy
on peut parler les langues étrangères	you can speak foreign languages
on peut gagner de l'argent	you can earn a lot of money

L'argent de poche	Pocket money
As-tu de l'argent de poche? Combien?	Do you get pocket money? How much?
J'ai … euros par semaine/mois.	I get … euros per week/month.
Je n'ai pas d'argent de poche.	I don't get pocket money.
Qui te donne ton argent de poche?	Who gives you your pocket money?
C'est ma mère/mes parents.	It's my mum/my parents.
Je fais un petit boulot pour gagner de l'argent.	I have a part-time job to earn money.
Qu'est-ce que tu fais avec ton argent?	What do you do with your money?
J'achète des CD/des magazines.	I buy CDs/magazines.
Je sors/Je vais au cinéma.	I go out/I go to the cinema.
Je mets de l'argent de côté.	I save money.
Pourquoi mets-tu de l'argent de côté?	Why do you save money?
pour m'acheter un ordinateur/des vêtements	to buy a computer/clothes
pour avoir de l'argent pour plus tard	to have some money later
Je ne mets rien de côté.	I don't save anything.

2 Podium

I know how to:

- understand reasons for learning a language: Ça va être très utile. Je rêve de faire des études à Londres.

- name popular jobs: Il/Elle est acteur/actrice – informaticien/informaticienne.

- ask someone what their job is: Qu'est-ce que vous faites comme métier?

- discuss what job I would like to do and why: Je voudrais/J'aimerais bien/Je rêve de/d'… être … parce que j'aime les maths; je suis patient(e), timide, etc.

- say how much pocket money I get, how often and from whom: Mes parents me donnent 40 euros par mois.

- say what I spend my money on and what I save it for: J'achète des magazines. Je mets de l'argent de côté pour acheter une moto.

- say what part-time job I do and what I think of it: Je fais du baby-sitting. C'est sympa/intéressant/bien payé, mais c'est dur/fatigant/mal payé.

- say if I've ever had a job before, what I did and what I thought of it: J'ai déjà travaillé dans … C'était très intéressant. J'ai énormément appris …

- use negatives **ne … pas/plus/rien/jamais/que**.

- use past and present tenses: je travaille/j'ai travaillé; je suis parti(e)

- use the **passé composé** with negatives: Je n'ai pas travaillé. Je n'ai plus travaillé.

- use reflexive verbs in the **passé composé**: Il ne s'est pas lavé. etc.

- write persuasively

- check my work

- pronounce consonant sounds

⭐ ⭐ ⭐ ⭐ ⭐ ⭐ ⭐ ⭐ ⭐

 Invent a conversation between yourself and the personnel manager during an interview at Parc Astérix (see job ad p. 29).

    PM: Bonjour, comment vous appelez-vous?
    Toi: Je m'appelle Jordan Stevens.
    PM: Vous avez quel âge, Jordan? etc.

 La Star Academy (where young people go and learn to become stars) is looking for applicants. Write as persuasive a letter of application as you can (about 100 words). Swap and compare with others. Who would be selected?! Je m'appelle … J'ai … ans et j'habite à … Je voudrais vraiment être selectionné(e) pour la Star Academy parce que …

 Imagine what Camille wrote in her report after her work experience in Vulcania. Be as detailed as you can about what she did and what she thought of it (150–200 words). J'ai fait un stage à Vulcania, près de Clermont-Ferrand, cet été. J'ai beaucoup aimé ce stage. J'ai commencé le … etc.

1-2 Révisions

Regarde d'abord les pages 11–38.

Madame Alouat

Elle est ouverte et drôle. Son passe-temps préféré, c'est la musique. Elle rêve de travailler à Paris, mais pour le moment, elle travaille tous les soirs dans un bar à Orléans.

Madame Vergnes

Elle est un peu timide, mais très bien organisée et indépendante. C'est important pour son métier. Son passe-temps préféré, c'est surfer sur Internet.

Madame Marteau

Elle est patiente et très calme. Elle est vraiment très créative. Comme passe-temps, elle aime faire de la poterie. Elle est assez bien organisée.

1a (PARLER / LIRE) Devine le métier de chaque personne. Discute avec un(e) partenaire. Regarde la liste à droite.

Exemple

A: À mon avis, Madame Marteau est coiffeuse, parce qu'elle est créative.

B: Non, je ne suis pas d'accord. À mon avis, Madame Marteau est professeur de dessin, parce qu'elle …

> **actrice   avocate   chanteuse
> coiffeuse   informaticienne
> journaliste   mécanicienne
> médecin   professeur   secrétaire**

1b (ÉCOUTER) Écoute et vérifie. Pour chaque personne, note son métier et son opinion.

2a (ÉCOUTER) Écoute l'interview avec Gaëtan. Recopie le diagramme à droite et ajoute le plus de détails possibles.

2b (ÉCRIRE / PARLER) Vrai ou faux? Prépare un test sur Gaëtan pour ton/ta partenaire.

Exemple

A: Son frère a neuf ans.

B: Faux! Son frère a huit ans. Ses parents sont gentils.

A: Vrai. Son frère est …

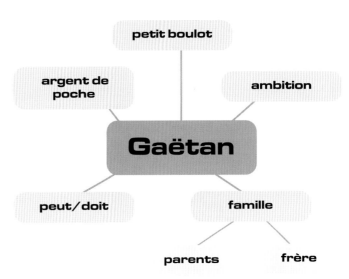

petit boulot

argent de poche

ambition

Gaëtan

peut/doit

famille

parents   frère

Chère Marie

3a Lis les lettres à droite. Trouve un titre pour chaque lettre.

  a Quelle ambition!
  b Toujours seul
  c Des parents difficiles

3b Cette réponse correspond à quelle lettre?

> C'est un problème qui touche beaucoup de jeunes. Discute avec tes parents ou un professeur sympa. Fais des efforts pour rencontrer des jeunes de ton âge. Il y a peut-être des clubs au collège. Il y a un centre sportif dans ta ville? Bonne chance!

3c Choisis une réponse à la deuxième lettre.

  a Discute du problème avec tes parents. Essaie de trouver une solution – tu peux peut-être sortir le week-end mais pas pendant la semaine.
  b Tes parents sont idiots! Fais ce que tu veux!
  c Tu es trop jeune pour sortir tard et avoir un petit boulot. Reste chez toi et fais tes devoirs.

3d Relis la troisième lettre, recopie et complète le résumé.
Exemple

> Théo rêve d'être footballeur parce qu'il est ... Il joue ... et il ... Il voudrait ... parce qu'il parle ...

4a Regarde les dessins à droite. Imagine. Quelles sont leurs ambitions? Écris des phrases pour chaque personne. Adapte le résumé de l'activité 3d.

4b Et toi? Quelle est ton ambition? Pourquoi?

A J'ai 15 ans et je suis désespéré parce que je n'ai pas d'amis. Le problème, c'est que je suis vraiment très timide. Je n'ai pas de frères et ma demi-sœur est beaucoup plus âgée que moi. Elle a 29 ans. Qu'est-ce que je dois faire?

Félix

B J'ai 14 ans et j'ai de gros problèmes avec mes parents. Je ne m'entends pas bien avec eux. Ils ne me comprennent pas du tout. Ils sont énervants et têtus! Je ne peux pas regarder la télé quand je veux, je ne peux pas m'habiller comme je veux. Je n'ai pas le droit de sortir le soir avec mes copains, même le week-end! J'ai trouvé un petit boulot chez une coiffeuse, mais je n'ai pas le droit de faire ça non plus! Je ne sais pas quoi faire.

Laurence

C Mon problème est un peu bizarre! J'ai 16 ans et, normalement, je m'entends bien avec mes parents, mais ils sont trop ambitieux! Mon père voudrait pour moi un métier où on peut gagner beaucoup d'argent – par exemple, avocat, comme lui! Ma mère est informaticienne et elle dit que c'est un bon métier pour un garçon intelligent comme moi! Je suis intelligent, ouvert et sportif. Le problème, c'est que je rêve d'être footballeur! Je n'existe que pour le football! Je joue pour une équipe locale et je m'entraîne tous les jours. Je parle deux langues étrangères et je voudrais jouer pour Arsenal ou le Real Madrid. Que faire?

Théo

Patricia   Luc   Anne-Sophie   Marius

3 En échange

- **Contexts:** visit to France
- **Grammar:** revision of perfect tense with *avoir* and *être*; *vouloir* + infinitive; imperfect tense of *être*; gender and what it affects
- **Language learning:** using formal language to suit the situation; writing a report
- **Pronunciation:** silent letters
- **Cultural focus:** Strasbourg; football; family meals

1

2

Chers parents, chers amis,

Cette année encore, nous avons l'intention de participer au tournoi international de football pour collégiens qui aura lieu à Strasbourg le week-end du 22 octobre. Tous les joueurs de notre équipe sont priés de recevoir chez eux un joueur de l'équipe d'Oxford qui va arriver à Strasbourg le 21 au soir

3

4

1 = le gardien

6 8 10 = les milieux de terrain

2 3 = les défenseurs latéraux

4 = le stoppeur (placé au centre de la défense)

7 9 11 = les avants

5 = le libero

5

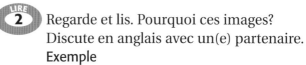

Tournoi international de football
Bienvenue aux collégiens d'Allemagne, de Belgique et de Grande-Bretagne!

LIRE 1 Regarde et lis. C'est quelle image?
Exemple a 3
a Lloyd fait sa valise.
b La lettre envoyée par le collège
c L'équipe de foot
d La numérotation des joueurs
e Les joueurs viennent de plusieurs pays.

LIRE 2 Regarde et lis. Pourquoi ces images?
Discute en anglais avec un(e) partenaire.
Exemple
A: Photo 3 shows a suitcase with a British flag on it.
B: It belongs to a British footballer. I think he's going … etc.

ÉCRIRE 3 Écris cinq questions sur les images.
Échange avec un(e) partenaire.
Exemple Combien de pays sont mentionnés?

- Find out more about Hugo Schillein, his family and the city of Strasbourg
- Discuss reasons for learning a language
- Revise *je voudrais* + infinitive

À vos marques

a Quelle ville n'est pas en France? Et quelle région? Quel pays n'a pas de frontière avec la France?

b Avec un(e) partenaire, faites une liste de villes de France. Vous en trouvez combien en une minute?

Villes: Paris, Strasbourg, Quimper, Avignon, Milan, Marseille, Bordeaux

Régions: Alsace, Andalousie, Bretagne, Corse, Midi-Pyrénées, Nord-Pas-de-Calais

Pays: l'Allemagne, l'Espagne, la Hollande, l'Italie, le Luxembourg, la Suisse

Moi

Ma sœur jumelle

jumelle – twin

Nom:	Schillein
Prénom:	Hugo
Âge:	15 ans
Domicile:	78, rue Schweighaeuser 67082 Strasbourg
Famille:	une sœur jumelle: Hélène
Profession des parents:	père – chauffeur de taxi, mère – infirmière
Passe-temps:	le football, le vélo, le cinéma, la musique
Langue(s) parlée(s)	français (apprend l'allemand au collège)

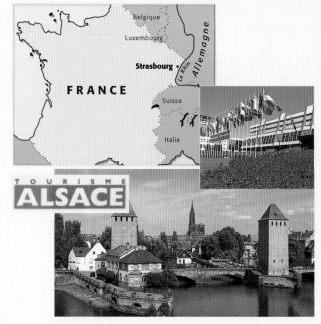

Strasbourg

Situation:	en Alsace, est de la France, près du Rhin et de la frontière allemande
Habitants:	255 937
Caractère:	dynamique, moderne, internationale
Monuments intéressants:	la cathédrale, les vieux quartiers, le Palais de l'Europe
Langues:	français, alsacien
Climat:	chaud et ensoleillé en été, assez froid (souvent neigeux) en hiver

1a Lis la fiche d'Hugo (page 42). Vrai ou faux?
  a Hugo a quatorze ans.
  b Il a les cheveux blonds.
  c Il aime deux sports.
  d Il parle trois langues.
  e Sa sœur a treize ans.

1b Écoute et réponds aux questions sur Hugo.

1c Écoute et vérifie.

2 Hugo et le football: lis sa bulle à droite et explique ce qu'il dit en anglais.

Le Racing Club de Strasbourg en action

■■ **Rappel** ■■■■■■■■■■■■■■■■■■■■■

Je voudrais + *infinitif*
         être (footballeur professionnel).
         parler (allemand).
         voyager.

3a Lis la fiche sur Strasbourg (page 42) et choisis les bonnes réponses.
  1 Strasbourg est
      a dans l'ouest de l'Allemagne.
      b en Alsace, en France.
  2 À Strasbourg, on parle
      a français.
      b anglais.
  3 Le grand fleuve près de Strasbourg s'appelle
      a la Seine.
      b le Rhin.
  4 À Strasbourg, il y a
      a le Parlement français.
      b le Parlement européen.
  5 Strasbourg est
      a une ville européenne importante.
      b une petite ville à la campagne.

> Mon passe-temps préféré, c'est le football et je suis supporter du Racing Club de Strasbourg. Ils jouent au Stade de la Meinau. Ils portent un maillot bleu, un short blanc et des chaussettes bleues.
>
> Moi, je joue pour l'équipe de mon collège depuis un an. Je suis défenseur. Un jour, je voudrais être footballeur professionnel. Je voudrais pouvoir parler allemand et anglais parce que je voudrais voyager et peut-être jouer pour une équipe allemande ou anglaise: certaines sont très bonnes.

3b Écoute Hugo et vérifie.

4 Décris Strasbourg à ton/ta partenaire avec beaucoup de détails. Il/Elle vérifie.
Exemple *C'est une ville … Il y a …*

5 Prépare une feuille pour présenter Strasbourg aux visiteurs.

Challenge!

A Écris un paragraphe sur ton équipe de foot préférée.

B En 80 mots exactement, décris ta ville ou ta région.

C Explique quelles langues tu parles/tu voudrais parler et dis pourquoi (oralement ou par écrit). Voir les pages 13 et 26.

3.2 Bienvenue à Strasbourg

- Greet a host family
- Describe a journey
- Ask for things you need
- Recognize silent letters

À vos marques

Trouve l'intrus et dis pourquoi.

a la musique   le football   le tennis   le vélo
b Strasbourg   Alsace   Marseille   Bordeaux
c anglais   Allemagne   français   italien

1a Lloyd arrive chez Hugo. Écoute et lis. C'est quoi en anglais, les expressions en **caractères gras**?

Conversation-clé

Hugo: **Voici** ma famille. **Je te présente** ma mère.
Mme S.: Bonjour, Lloyd. **Bienvenue à** Strasbourg.
Lloyd: Merci, madame.
Hugo: Et mon père.
Lloyd: Bonjour, monsieur.
M. S.: Bonjour, Lloyd. **Tu as fait bon voyage?**
Lloyd: Oui, c'était bien, mais un peu long.
Mme S.: La mer n'était pas agitée?
Lloyd: Non, la mer était calme.
Hugo: **Qu'est-ce que tu as fait pendant le voyage?**
Lloyd: J'ai parlé avec mes copains.

1b À quatre, jouez la Conversation-clé.

2 Lis la carte postale de Sabine, la copine d'Hugo. Elle a fait bon voyage? Fais une liste des expressions positives et négatives.

Ça se dit comme ça!

Silent letters: FAQ

Q Do silent letters come at the start of words?
A Yes, one letter is almost always silent in French. It occurs four times in Sabine's postcard below.

1 Listen to check which is the silent letter.

Q Is e at the end of a word always silent?
A Yes, unless there's an accent on it or the speaker has a Southern accent.

2 Copy out Sabine's message and listen again. Circle any final **e** that is not pronounced.

Q Does final e affect the rest of the word?
A Even a silent final **e** can affect pronunciation. Think of **fatigant** and **fatigante**.

3 Read this sentence aloud. Then listen to check.

Mon oncle est patient, mais ma tante n'est pas patiente.

Q When is the s at the end of a word sounded?
A Usually only when the next word starts with a vowel or a silent **h**.

4 Test yourself, then listen to check.

trois minutes – trois heures
les équipes – les footballeurs
ils adorent – ils détestent

Cher Hugo
Je suis arrivée à Bradford hier soir. Quel voyage ennuyeux! Quinze heures!!! C'était long et fatigant parce qu'on a eu un problème avec le car. J'ai lu mon livre, mais l'histoire était nulle. Heureusement, la maison est confortable, ma correspondante est sympa et sa mère m'a préparé un dîner indien délicieux. Tu me manques déjà!
Grosses bises
Sabine

Tu me manques déjà. – I miss you already.

3a Quatre jeunes parlent de leur voyage. Écoute. C'était bien ou pas?

Exemple **1** 😊

3b Réécoute. Note des mots pour justifier tes réponses.

Exemple **1** intéressant, mer calme

4a Discute avec un(e) partenaire. Continue la liste. Imagine!

Exemple   Pendant le voyage, j'ai lu mon livre, j'ai regardé par la fenêtre. etc.

4b Qu'est-ce que les jeunes ont fait pendant le voyage? Écoute et prends des notes.

5a Relie les Mots-clés aux photos a-f.

Exemple   **a** une brosse à cheveux

▪▪ Mots-clés ▪▪▪▪▪▪▪▪▪▪▪▪▪▪▪▪▪▪▪▪▪▪▪

un baladeur	un réveil
un dictionnaire	du dentifrice
un parapluie	une brosse à cheveux

5b Écoute. C'est quelle photo?

5c Réécoute. Comment dit-on *Can you lend me ...?*

5d Écris une question pour chaque photo.

Exemple   Tu peux me prêter une brosse à cheveux?

Guide pratique

Making yourself understood

If you are in France and you don't know the word you need, you can:

● look it up in a dictionary

● try to mime it

Tu veux aller chez le coiffeur? Tu as mal à la tête?

● try to give a definition — *la machine pour les cheveux*

▪▪ Expressions-clés ▪▪▪▪▪▪▪▪▪▪▪▪▪▪▪▪▪

Je n'ai pas de ...

J'ai oublié mon/ma ...

Tu peux me prêter un/une/du ..., s'il te plaît?

Challenge!

A Travaille avec un(e) partenaire.

Exemple

A: J'ai oublié mon baladeur. Tu peux me prêter un baladeur, s'il te plaît?

B: Voilà. C'est la photo f.

B En échange: tu as perdu ta valise et tu n'as rien! Invente des conversations avec ton/ta partenaire. Demande six choses minimum.

C Adapte la carte postale de Sabine pour décrire un super voyage en France.

- Accept/refuse an offer politely
- Talk about food

À vos marques

a Regarde les dessins. À deux, prononcez bien les légendes. Écoute et vérifie.

b **A** mime une des activités. **B** devine. Puis, changez de rôles.

prendre une douche

téléphoner chez toi

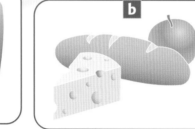

manger quelque chose

boire quelque chose

défaire tes bagages

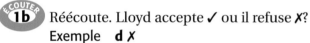

te reposer

1a Écoute. Qu'est-ce que Madame Schillein propose à Lloyd? Note la lettre de l'image.
Exemple   d, …

1b Réécoute. Lloyd accepte ✓ ou il refuse ✗?
Exemple   **d ✗**

1c Écoute encore une fois. Écris les réponses de Lloyd (voir les Expressions-clés).
Exemple   **d** Non, merci, ça va.

2 Fais d'autres propositions à un(e) invité(e).
Exemple   **a** Tu veux regarder la télévision?

■ ■ Expressions-clés ■ ■ ■ ■ ■ ■ ■ ■ ■ ■ ■ ■ ■ ■ ■

Tu veux boire/manger/téléphoner, etc.?

Accepter poliment	*Refuser poliment*
Oui, je veux bien, merci.	Non, merci, ça va.
Oui, s'il vous plaît.	

Guide pratique

Using language in formal situations
- When you talk to adults:
  - use **vous** instead of **tu**
  - use **s'il vous plaît** rather than **s'il te plaît**
  - add **monsieur** or **madame**

à un(e) correspondant(e):
Tu peux …, s'il te plaît? Tu veux …?
à sa mère ou son père:
Vous pouvez …, s'il vous plaît?
Vous voulez …, monsieur/madame?

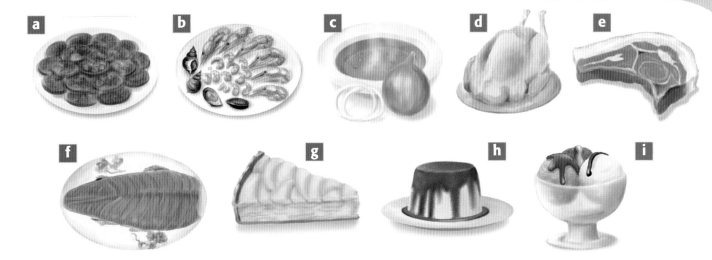

 3 Trouve un Mot-clé pour chaque dessin. Ensuite, écoute et vérifie.

Exemple **a** la salade de tomates

 4 Lis et écoute le dialogue à droite. Note les aliments et les réactions de Lloyd.

Exemple oignons : n'aime pas tellement

5 Écoute et note les plats mentionnés dans le bon ordre.

Exemple a, f …

▪▪ Expressions-clés ▪▪▪▪▪▪▪▪▪▪▪▪▪▪▪▪▪

Je suis végétarien(ne).

Ça va.

 C'est/C'était super/délicieux!

 C'est mon plat/dessert préféré.

Ça ne va pas.

 Je suis désolé(e) mais je n'aime pas tellement …

 Je suis allergique au/à la/aux …

Tu veux
Vous voulez } encore du/de la/des …?

Oui, je veux bien, merci.

Non, merci. J'ai assez mangé.

▪▪ Mots-clés ▪▪▪▪▪▪▪▪▪▪▪▪▪▪▪▪▪▪▪▪▪▪▪

le poulet rôti la salade de tomates
le saumon la soupe à l'oignon
la côte de porc la tarte aux pommes
la crème caramel les fruits de mer
la glace

Mme S.: Tu aimes la soupe à l'oignon, Lloyd?
Lloyd: Euh … je regrette … je n'aime pas tellement les oignons.
Mme S.: Pas de problème! Tu aimes les fruits de mer?
Lloyd: Je suis désolé, madame, mais je suis allergique aux fruits de mer.
Mme S.: Et les tomates?
Lloyd: Oui, j'aime bien les tomates.
Mme S.: Et les desserts, la tarte aux pommes, par exemple, tu aimes ça?
Lloyd: Oui! Ça, c'est mon dessert préféré!

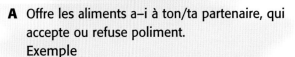

Challenge!

A Offre les aliments a–i à ton/ta partenaire, qui accepte ou refuse poliment.
Exemple
A: Tu veux encore du saumon?
B: Oui, je veux bien, merci./
 Non, merci. J'ai assez mangé.

B À deux, apprenez et jouez le dialogue entre Lloyd et Madame Schillein de mémoire.

C À deux, inventez un dialogue avec un(e) invité(e) très difficile.

- Describe a visit
- Write a report
- Revise perfect tense verbs
- Use the imperfect tense of *être*

À vos marques

Lis le rapport de Lloyd. Trouve un titre pour chaque paragraphe.

Les repas	**Le voyage**	**Hugo et sa famille**
Les matchs	**Conclusion**	**Les excursions**

Mon séjour à Strasbourg

1 Je suis allé chez Hugo Schillein qui habite avec ses parents, sa sœur jumelle et sa grand-mère à Strasbourg. C'est une ville importante en Alsace, une petite région de l'est de la France. La famille était sympa et je me suis bien entendu avec Hugo, surtout parce qu'il adore le foot comme moi.

2 On est parti d'Oxford, avec toute l'équipe, le 21 octobre et on a pris le car et le bateau. Nous étions vraiment tous très excités. Nous avons fait bon voyage et la mer était calme. C'était intéressant. Pendant le voyage, j'ai parlé foot avec mes copains et j'ai écouté de la musique.

3 Le tournoi a commencé le 22 octobre. Le samedi, on a gagné le premier match contre une équipe allemande 3 – 0, mais les Français étaient plus forts que nous et nous avons perdu le deuxième match 0 – 1. En tout, notre équipe a joué sept matchs et remporté quatre victoires. Nous avons fini en deuxième position. On a bien joué et j'étais content.

4 Le lundi, après le tournoi, on a visité la ville de Strasbourg et on a fait une promenade en bateau sur le Rhin. C'était intéressant. Par contre, la visite à la cathédrale était un peu ennuyeuse. Le mardi, je suis allé en Allemagne avec la famille Schillein (l'Allemagne est tout près de Strasbourg!). Nous sommes allés à Europa-Park à Rust. C'est un grand parc d'attractions fantastique. J'ai adoré!

5 J'ai bien mangé en France. Ce que j'ai préféré, c'était le petit déjeuner. On a bu du chocolat chaud dans un grand bol. Mon dessert préféré, c'était la tarte aux pommes. C'était délicieux!

6 Mon séjour en France était vraiment génial, même si on n'a pas gagné le tournoi. Les matchs étaient super. Je me suis bien amusé parce que je me suis bien entendu avec Hugo et j'ai beaucoup parlé français. Strasbourg est une ville sympa et je voudrais y retourner l'année prochaine.

Lloyd

 1a Lis et fais une liste d'opinions.

Exemple La famille était sympa, c'était intéressant, …

 1b Réponds aux questions enregistrées.

Bonjour STRASBOURG

Guide pratique

Writing a report of an exchange trip to France

1 Decide on content. Note down a heading for each paragraph (see *À vos marques*).
2 Write a rough version (use phrases from act. 1).
3 Read your text. Add opinions, link words (**par contre, surtout, parce que, mais,** etc.) and other details to make it more interesting.
4 Ask your partner or teacher for comments.
5 Check spelling and grammar.
6 Write out the final version.

2 Écris un rapport comme Lloyd. Suis les instructions du Guide Pratique.

3 Lis les questions. Écoute et note les réponses de Sabine.

a Tu as fait un échange?
b Tu es parti(e) quand?
c Tu as voyagé comment?
d Tu as bien aimé la famille?
e Tu as bien mangé?
f Qu'est-ce que tu as préféré?

Challenge!

A Choisis deux paragraphes du rapport de Lloyd et traduis-les en anglais.

B Utilise tes notes (act. 3) pour écrire un paragraphe sur l'échange de Sabine.
  Exemple Elle a fait un échange avec …
         Elle est partie … Elle a voyagé … etc.

C Relis le rapport de Lloyd deux fois. Ensuite, ferme ton livre et, de mémoire, résume son échange (100 mots environ).

Zoom grammaire: the past

• It is important to keep revising the perfect tense (**passé composé**). You know it is made up of two parts: the auxiliary (part of **avoir** or **être** in the present tense) + past participle.

1 Find in Lloyd's report:
  a 10 examples of the perfect tense with **avoir**
  b 5 examples of the perfect tense with **être**

2 Write perfect tense sentences to go with these photos.
  Example Je suis allé en ville avec Hugo et nous sommes allés à la piscine.

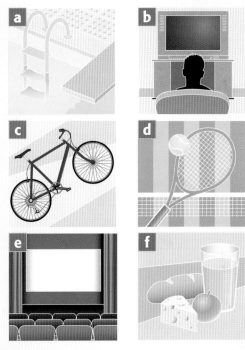

• There are different ways to say "was" or "were", using the imperfect tense of **être**.

3 Find five different words in Lloyd's report.
  a la famille …   **b** les Français …
  c j'…   **d** c'…   **e** nous …

4 Copy out these sentences, filling in the gaps with **étais, était, étions** or **étaient**.
  a Marie *** sympa et ses parents *** gentils.
  b J'*** content parce que c'*** intéressant.
  c La maison *** confortable et les repas *** délicieux.

5 Can you work out how to say "you were" in the **tu** and **vous** forms?

➡ 147–9

3.5 **Grammaire** encore

● Gender and what it affects

Q Does it matter if a noun is masculine or feminine?

A Yes, it affects the other words around it, e.g. the determiner (usually "the" or "a/an" in English) depends on it.

A dictionary tells you the gender of a noun:

m. or nm = masculine   f. or nf = feminine

	m.sing.	f.sing.
a/an (pl. = *some*)	un	une
the	le	la

Q What about other determiners?

A Possessive adjectives work in a similar way. The gender of the owner makes no difference. It is the gender of the thing owned which decides the form: **son livre** = both "his book" and "her book".

	m.sing.	f.sing.	m. or f. pl.
my	mon	ma	mes
your	ton/votre	ta/votre	tes/vos
his/her/its	son	sa	ses

Q What if *à* or *de* comes in front of the determiner?

A à + le = **au**   à + les = **aux**

de + le = **du**   de + les = **des**

None of the other determiners combines with **à** or **de**.

3 Rearrange the words to make sentences.

  a tu restaurant vas crêperie ou au à la?

  b je frites encore du voudrais poulet et des

  c ce soir et des on mange de la poisson pommes de terre soupe du

        ➡ 139, 142

Q What else does gender affect in a sentence?

A Adjectives and past participles

  • Adjectives have to agree with the gender of the noun they describe – masculine or feminine, singular or plural.

  • Past participles used with **être** have to agree with the subject of the sentence.

1 Copy these sentences, adding in **le**, **la**, **un** or **une**. Use a dictionary if you need to.

  a En Afrique, j'ai vu *** lion, *** girafe et *** tigre.

  b J'ai fait *** tour de *** Tour Eiffel.

  c Mon correspondant aime *** mode: il a *** blouson en cuir.

  d Il y a *** pharmacie au coin de ma rue.

        ➡ 139

2 Copy out and complete with the correct possessive adjectives.

M*** oncle a perdu s*** chien. Il cherche dans s*** maison, dans s*** jardin et dans s*** garage. Rien! Il prend s*** voiture et va chez s*** frère.

– T*** femme et toi, vous n'avez pas vu Médor?

– T*** chien? Non, il n'est pas ici. Mets une annonce dans le journal.

– Ça ne sert à rien. Médor ne sait pas lire!

        ➡ 142

Tu as trouvé un crocodile?! Alors, tu vas au zoo, non?

Ah non, il veut aller à la discothèque.

Most adjectives change in the following way:

m.sing.	f.sing.	m.pl.	f.pl.
noir	noire	noirs	noires

4 Choose the right adjectives.

  a Je te présente ma *grand / grande* sœur.

  b Le voyage était *intéressant / intéressante*.

  c Les cartes postales sont *jolie / jolies*.

  d Les arbres aussi sont *grands / grande*.

        ➡ 140

3.5 *Grammaire* en plus

● Adjective endings, direct object pronouns

Q **Do all adjectives and past participles change in the same way to match the noun or pronoun they describe?**

A No. There are a number of different rules to remember.

1 Read the dialogue on the right and use examples from it to help you complete the grid below.

adj. ends in	e	x	on/en	il/el
m.sing.	facile	délicieux	bon	gentil
f.sing.	?	?	?	gentille
m.pl.	faciles	?	?	?
f.pl.	?	délicieuses	bonnes	?

➡ 140–1

– La soupe était délicieuse.
– C'est une recette très facile. Et les fruits de mer?
– Délicieux aussi! Vraiment très bons.
– Et la tarte est super bonne, tu vas voir … et facile à faire.
– Toutes tes recettes sont faciles!
– Demain on mange chez les Dupont – ils sont si gentils!
– Oui, mais ils ont deux petites filles et elles, elles ne sont pas si gentilles!

Q **Sometimes I've seen le, la or les without a noun afterwards. Why is that?**

A **Le**, **la** and **les** can be used on their own as pronouns (direct object pronouns), in place of a noun that has already been mentioned. They go immediately before the verb.

2 Decide what the pronouns refer to in these sentences.
   a Je le regarde à la télé.   le film/la météo
   b Elle la mange.   son sandwich/sa banane
   c On les écoute.   la radio/les CD
   d Tu le prends toujours avec toi.   ton baladeur/tes baskets
   e On les achète demain.   les fruits de mer/le poisson ➡ 144

Délicieux, le poisson! J'ai faim!

Tu le manges????

Q **What happens with these pronouns in perfect tense sentences?**

A The pronoun goes before the **avoir** or **être** part of the verb in the perfect tense.
Both **le** and **la** become **l'** before a vowel.

3 Give the English equivalent of these sentences.
   a Mes copains vont venir. Je les ai invités chez moi.
   b Ce livre est génial. Je l'ai lu pendant le voyage.
   c Il ne reste plus de poisson – le chat l'a mangé.
   d Il y avait un bon film à la télé hier, mais nous ne l'avons pas regardé.
   e Ils ont fait le ménage? Oui, ils l'ont fait ce matin.

4 Look at the dialogue on the right and the sentences in activity 3. What do you notice about the past participle when there is a direct object pronoun before the verb in the sentence?   ➡ 144

– Toto, où est ton livre?
– Je l'ai oublié, madame.
– Où est ta calculatrice?
– Je l'ai oubliée, madame.
– Où sont tes devoirs?
– Je les ai oubliés, madame.
– Et ta tête, Toto, tu ne l'as pas oubliée?!

J'ai travaillé en France

Je m'appelle Laura, j'ai dix-huit ans et je suis irlandaise. J'ai travaillé comme monitrice de colonie de vacances à Argelès, dans le sud-ouest de la France, pendant un mois. Le voyage a été long et très fatigant parce qu'il y a eu un problème technique avec l'avion. Je suis arrivée très tard le premier jour.

Ma première journée de travail a été un peu décevante. On a organisé une promenade à vélo, mais on l'a annulée à cause de la pluie. Heureusement, après la première semaine, il a fait très beau et on a fait beaucoup d'activités sportives. Ce que j'ai préféré, c'est le tournoi de foot.

Pendant mon séjour en France, j'ai perdu deux kilos. Je suis végétarienne et comme il n'y a pas toujours beaucoup de choix en colo, je n'ai pas pu manger de tout. Par contre, j'ai trouvé le fromage français délicieux – il y en a beaucoup de sortes, mais je préfère le camembert.

J'ai bien aimé mon séjour en France, surtout parce que les enfants étaient très sympa. Pourtant, je ne veux pas y retourner l'année prochaine.

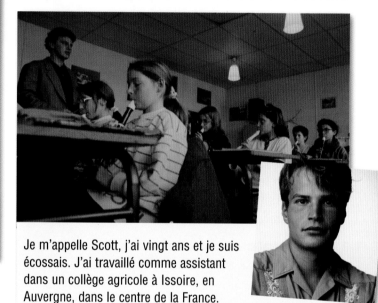

Je m'appelle Scott, j'ai vingt ans et je suis écossais. J'ai travaillé comme assistant dans un collège agricole à Issoire, en Auvergne, dans le centre de la France.

C'est un grand collège pour les élèves âgés de 11 à 16 ans. L'ambiance était très bonne et les profs et les élèves étaient tous très gentils. Au début, je ne comprenais pas tout parce que tout le monde parle très vite, mais ils ont toujours été très patients avec moi.

J'ai travaillé avec les profs d'anglais dans leurs différentes classes et j'ai trouvé ça vraiment intéressant. Ce que j'ai préféré, c'est le club de théâtre où nous avons monté une pièce en anglais. Les élèves étaient impressionnants. Pendant mon temps libre, j'étais supporter de l'équipe de foot locale. Je suis allé à tous leurs matchs et je me suis bien amusé.

Dans l'ensemble, mon expérience a été géniale. J'ai beaucoup aimé mon travail, je me suis fait de bons copains, je me suis bien amusé et j'ai bien mangé parce que la cuisine française est super. En plus, j'ai amélioré mon français!

1 Écoute et lis les textes des deux jeunes. Qu'est-ce qu'ils ont fait comme travail en France?

2 Trouve:
- **a** a bit disappointing
- **b** a bike ride
- **c** it was cancelled
- **d** I couldn't eat everything
- **e** the atmosphere in the school was very friendly
- **f** I didn't understand everything
- **g** we put on a play in English
- **h** I improved my French

3 Qui a eu l'expérience la plus positive? Fais deux listes de phrases: positives/négatives.

4 Adapte un des rapports pour donner des opinions contraires.

3 Vocabulaire

Je n'ai pas de ...	I haven't got ...
J'ai oublié mon/ma ...	I've forgotten my ...
Tu peux me prêter un/une/du ..., s'il te plaît?	Could you lend me a/some ..., please?
une brosse à cheveux	a hairbrush
un baladeur	a personal stereo
un dictionnaire	a dictionary
un parapluie	an umbrella
un réveil	an alarm clock
du dentifrice	some toothpaste

Voici (ma famille).	Here's (my family).
Je te présente ...	Let me introduce ...
Bienvenue à ...	Welcome to ...
Tu as fait bon voyage?	Did you have a good journey?
Oui, c'était bien.	Yes, it was fine.
C'était un peu long/fatigant/ennuyeux.	It was a bit long/tiring/boring.
La mer était agitée/calme.	The sea was rough/calm.
Qu'est-ce que tu as fait pendant le voyage?	What did you do during the journey?
J'ai écouté mon baladeur.	I listened to my personal stereo.
J'ai parlé avec mes copains.	I chatted to my friends.

Je voudrais ...	I'd like ...
... être (footballeur professionnel).	... to be (a professional footballer).
... parler (allemand).	... to speak (German).
... voyager.	... to travel.

Tu veux ...?	Do you want ...?
téléphoner chez toi	to telephone home
manger/boire quelque chose	something to eat/to drink
prendre une douche	to have a shower
défaire tes bagages	to unpack your bags
te reposer	to have a rest
Oui, je veux bien, merci.	Yes, I would, thanks.
Oui, s'il vous plaît.	Yes, please.
Non, merci, ça va.	No thanks, I'm fine.

Tu aimes ...?	Do you like ...?
le poulet rôti	roast chicken
le saumon	salmon
la côte de porc	pork chop
la crème caramel	crème caramel
les fruits de mer	seafood
la glace	ice-cream
la salade de tomates	tomato salad
la soupe à l'oignon	onion soup
la tarte aux pommes	apple tart

À table	Meal times
Je suis végétarien(ne).	I'm a vegetarian.
C'est/C'était super/délicieux!	It's/It was lovely/delicious!
C'est mon plat/dessert préféré.	It's my favourite dish/dessert.
Je suis allergique à ...	I'm allergic to ...
Je suis désolé(e), mais je n'aime pas tellement ...	I'm sorry but I don't really like ...
Tu veux /Vous voulez encore du/de la/des ...?	Would you like some more ...?
Oui, je veux bien, merci.	Yes, I would, thanks.
Non, merci. J'ai assez mangé.	No, thank you. I'm full.

3 Podium

I know how to:

- understand reasons for speaking/learning a language: Je voudrais pouvoir parler allemand et anglais parce que je voudrais voyager et peut-être jouer pour une équipe allemande ou anglaise.
- greet someone: Bonjour, monsieur! Bienvenue à …
- introduce someone: Voici (ma famille). Je te présente (ma mère).
- ask someone how their journey was: Tu as fait bon voyage?
- describe a journey: J'ai pris le car/bateau/train. C'était bien. C'était un peu long/fatigant/ennuyeux.
- ask someone what they want: Tu veux défaire tes bagages/téléphoner chez toi/prendre une douche? etc.
- ask for things I need: Je n'ai pas de … J'ai oublié mon/ma … Tu peux me prêter un/une/du …, s'il te plaît?
- accept/refuse an offer of food politely: Oui, je veux bien, merci./Non, merci. J'ai assez mangé.
- offer someone more food or drink: Tu veux/Vous voulez encore du/de la/des …?
- talk about food: C'est/C'était super/délicieux! C'est mon plat/dessert préféré. Je suis allergique à … Je suis désolé(e) mais je n'aime pas tellement … Je suis végétarien(ne).
- describe a visit
- use perfect tense verbs with **avoir** and **être**
- use the imperfect tense of **être**
- understand gender and what it affects
- apply adjective endings
- recognize direct object pronouns **le, l', la, les**
- cope when I don't know the French word for something
- use formal language when appropriate
- write a report
- recognize which letters not to pronounce

Imagine you are arriving for an exchange visit at your French penfriend's home.

 Write six things to say to/ask your penfriend and act out the scene with a partner.

 Write and act out a scene at table.

 Devise as many problems as possible, write and act out a scene.

4 Le monde est à toi

- **Contexts:** where you live; the environment
- **Grammar:** revision of prepositions; pronoun *y*; revision of *de* with negatives; *pour* + infinitive, *avoir besoin de*; revision of *aller* + infinitive; future tense; conditional
- **Language learning:** recognizing and forming nouns, adjectives and verbs from the same family
- **Pronunciation:** liaisons
- **Cultural focus:** Provence; teenagers' attitudes to the world around them; Van Gogh

LIRE
1a Regarde et lis. C'est quelle photo?
Exemple **a 4**
- **a** Luc au skate park
- **b** la mer et la plage
- **c** un mas provençal (maison traditionnelle en Provence)
- **d** des chevaux blancs en Camargue
- **e** les arènes romaines à Arles

ÉCOUTER
1b Écoute et vérifie.

PARLER
2 Choisis cinq photos qui représentent le mieux ta ville/région. Discutez avec un(e) partenaire.
Exemple
A: Je propose le château.
B: Oui, ça va. Et le lac.
A: Un bateau sur le lac … etc.

- Find out more about Bénédicte Mathys and the region of Provence
- Describe your home
- Revise prepositions

À vos marques

Lis la fiche de Bénédicte. Vrai ou faux?

a Bénédicte a deux sœurs.
b Elle habite à Avignon.
c Elle aime lire.
d Elle veut protéger l'environnement.
e Son copain Karim est espagnol.

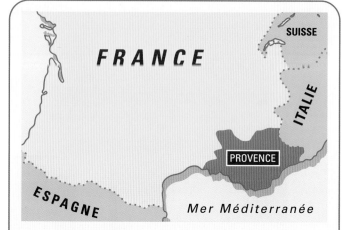

La Provence

Situation:	sud-est de la France, près de la Méditerranée
Habitants:	les Provençaux
Population:	4,5 millions (dans la région Provence-Alpes-Côte d'Azur)
Villes principales:	Marseille (Toulon, Cannes, Nice, Avignon, Arles, Aix)
Spécialités:	les herbes de Provence, l'huile d'olive, la lavande, le parfum
Climat:	très chaud et ensoleillé en été, orageux en automne, doux en hiver. Attention au *mistral* (vent très fort), surtout entre septembre et avril!

Nom:	Mathys
Prénom:	Bénédicte
Âge:	14 ans
Domicile:	4C, résidence Clair Matin, route de Tarascon, 13200 Arles
Famille:	fille unique (habite avec sa mère)
Passe-temps:	le hand-ball, la lecture, la nature (membre d'un club pour la protection de l'environnement)
Langue(s) parlée(s)	français (apprend l'espagnol au collège et voudrait apprendre l'arabe parce que son copain Karim est tunisien)

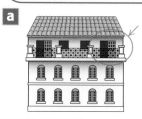

un appartement

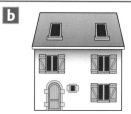

une maison moderne

un mas

un pavillon de banlieue

1 Lis la fiche sur la Provence. Écris six questions. Échange avec un(e) partenaire.

2a Écoute Bénédicte, Vincent, Malika et Paul. Qui habite où? (Voir les images a–d, page 56.)

2b Réécoute Bénédicte. Note les mots qui manquent dans sa bulle.

> J'❶ avec ma mère. On a un petit ❷. Ce n'est pas très ❸, mais c'est très pratique parce que c'est tout près des magasins. Il y a une ❹, un séjour, deux ❺ et une ❻.

2c Réécoute Vincent, Malika et Paul. Note les détails.

Exemple habite avec …, maison grande/moderne/confortable/agréable, séjour, …

2d Tu habites où? Avec qui? Qu'est-ce qu'il y a comme pièces? Tu décris, ton/ta partenaire prend des notes. Comparez.

3 Écoute la description de l'appartement de Bénédicte. Suis le plan à droite. X, c'est quoi?

4 Lis la description de la maison de Paul. Trouve les pièces.

Au rez-de-chaussée, quand on entre chez moi, il y a le séjour à gauche. À côté du séjour, il y a le bureau. À droite de l'entrée, il y a la cuisine. La cuisine est en face du séjour. À côté de la cuisine, il y a la salle à manger. Au premier étage, il y a la chambre de mes parents à gauche. Ma chambre est en face de l'escalier, et la salle de bains est à côté de ma chambre.   Paul

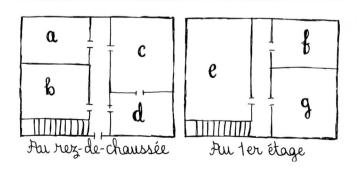

Au rez-de-chaussée   Au 1er étage

Expressions-clés

On a   une maison moderne.
         un petit appartement.
Au rez-de-chaussée, il y a une cuisine et un séjour.
Au premier étage, il y a deux chambres et une salle de bains.
Ma chambre est
    en face   de la salle de bains.
    à côté   de la salle à manger.
    près   du séjour.
    à droite/à gauche   du bureau.

Rappel

de + la = **de la**   de + le = **du**

en face de   *opposite*
à côté de   *beside/next to*
à droite de   *on the right of*
à gauche de   *on the left of*

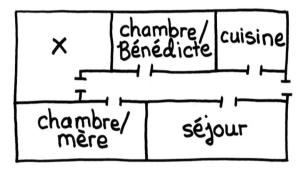

l'appartement de Bénédicte

Challenge!

Chez toi, c'est comment?

A Fais un dessin comme dans l'activité 3, avec le nom des pièces.

B Fais un dessin comme dans l'activité 4 et écris où sont les pièces.
   Exemple La chambre de mes parents est à côté de la salle de bains.

C Écris une description pour envoyer à un(e) correspondant(e).
   Exemple Au rez-de-chaussée, quand on entre chez moi, il y a …

- Describe your town/area and its facilities
- Use the pronoun *y*
- Pronounce liaisons

À vos marques

Trouve l'intrus et dis pourquoi.

a (nord) (sud) (est) (banlieue)

b (appartement) (cuisine) (maison) (pavillon)

c (chambre) (confortable) (salle de bains) (cuisine)

1a Choisis trois adjectifs pour décrire cette ville (voir les Expressions-clés).

■■ Expressions-clés ■■■■■■■■■■■■■■■

- C'est une ville agricole/ancienne/animée/ historique/industrielle/moderne.
- C'est une région calme/industrielle/intéressante/ morte/touristique.
- C'est un village agricole/ancien/animé/calme/ intéressant/mort/touristique.
- C'est une petite/grande/jolie ville.
- C'est un petit/grand/joli village.
- très, assez, plutôt

1b Écoute les interviews. Note les adjectifs pour chaque ville ou village: Marseille, Arles, Bonnieux, Châteauneuf-du-Pape.

1c Discute avec un(e) partenaire pour choisir des adjectifs qui décrivent ta ville ou ta région. Ensuite, écris un paragraphe.

Exemple Milton Keynes est une grande ville moderne dans le … C'est une ville assez calme mais …

Ça se dit comme ça!

Liaisons: FAQ

Q What is a liaison?

A It's where a normally silent consonant at the end of a word is pronounced at the beginning of the word that follows it. You slide the two words together without taking a breath.

1 Read these sentences aloud. Compare them. Then listen to check.
  a C'est super ici! C'est_une ville animée.
  b Chez lui, c'est petit. Chez_elle, c'est grand.

Q How do you know when to make a liaison?

A Generally if the word that follows starts with a vowel or a silent **h**, make the liaison.

2 Copy out Bénédicte's message and circle any liaisons. Then listen to check.

> Avant-hier, je suis allée en ville avec mon petit ami Karim. Nous sommes allés voir un film au cinéma à six heures et nous sommes rentrés en autobus à neuf heures.

Q Is it true that in liaison the consonant is pronounced in a different way?

A Yes, for some letters. Look at the chart.

D or T	→	[t]
F	→	[v] with **heures**
S, X or Z	→	[z]

3 Read Bénédicte's message aloud to a partner. Listen again to compare.

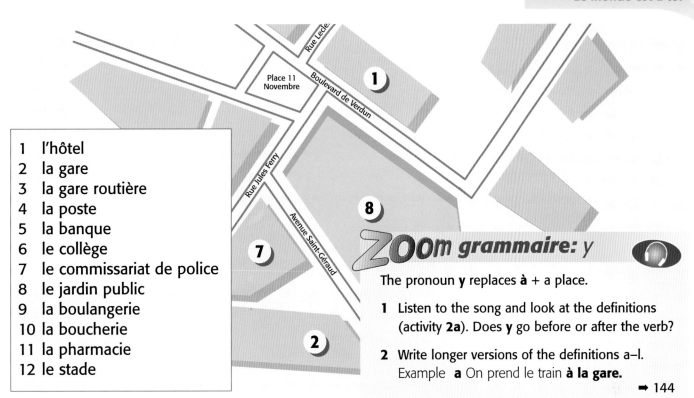

1 l'hôtel
2 la gare
3 la gare routière
4 la poste
5 la banque
6 le collège
7 le commissariat de police
8 le jardin public
9 la boulangerie
10 la boucherie
11 la pharmacie
12 le stade

2a Regarde le plan. C'est quel endroit?
  a On y prend le train.
  b On y achète des timbres.
  c On y va pour faire du sport.
  d Les touristes y trouvent une chambre.
  e On y prend le car.
  f On y achète de la viande.
  g On y va pour acheter du pain.
  h On y retire de l'argent.
  i On y achète des médicaments.
  j On y fait des études.
  k On y fait des promenades.
  l On y trouve des agents de police.

2b Écoute et note l'endroit. Réécoute et vérifie.

2c A donne une définition. B ferme le livre et dit l'endroit.
  Exemple
  A: On y achète du pain.
  B: C'est la boulangerie.
  A: Oui.

3 Regarde le plan. Qu'est-ce qu'il y a dans cette ville? Écoute et réponds aux questions.
  Exemple
  Excusez-moi, il y a une piscine près d'ici?
  Non, il n'y a pas de piscine.

ZOOm grammaire: y

The pronoun **y** replaces **à** + a place.

1 Listen to the song and look at the definitions (activity **2a**). Does **y** go before or after the verb?

2 Write longer versions of the definitions a–l.
  Example **a** On prend le train **à la gare**.

→ 144

■■ Rappel ■■■■■■■■■■■■■■■■■■■■■

Il y a **un/une/des** … Il n'y a pas **de** …
Connecteurs: et, mais, par contre, en plus

Challenge!

A Qu'est-ce qu'il y a dans ta ville? Écris une explication. Utilise quatre connecteurs (voir Rappel).
  Exemple À Colchester, il y a des hôtels, des restaurants, etc. En plus, il y a … Par contre, il n'y a pas de …

B Interviewe ton/ta partenaire. Si possible, enregistre l'interview.
  Exemple
  A: Il y a une piscine à Perth?
  B: Oui, il y a une grande piscine qui est à côté de la patinoire. Elle est très moderne. etc.

C Invente et décris la ville de tes rêves.
  Exemple La ville de mes rêves n'est pas trop grande, mais elle est moderne, très calme et très agréable. Au centre, il y a un petit collège sympa et, à côté du collège, il y a un skate park pour … etc.

- Say what is needed to improve your home area
- Say what you think
- Use *pour* + infinitive

À vos marques

Joue avec un(e) partenaire. **A** dessine un endroit dans la ville, **B** devine.

C'est un stade?

1a Regarde les photos et lis les deux textes, A et B. Relie chaque texte à la bonne photo.

1b Choisis **a** ou **b**.

1 À Arles, il y a
   a trop de voitures.
   b trop de parkings.

2 À Arles, il n'y a pas
   a de touristes.
   b de patinoire.

3 Arles est une ville animée
   a dans le sud-est de la France.
   b dans le nord-est de la France.

4 Les pistes cyclables sont importantes pour
   a les automobilistes.
   b les cyclistes.

5 Dans le quartier de Karim, on a besoin
   a d'un bowling et d'un terrain de jeux.
   b de monuments et de musées.

1c Trouve dans les textes:
   a we need
   b I think that
   c because
   d in my opinion

Bénédicte

Karim

A

J'habite à Arles. Je pense que c'est très joli ici, mais, en été, il y a beaucoup de touristes et trop de voitures. Pour améliorer la ville, on a besoin de rues piétonnes et de parkings souterrains.

Dans mon quartier, on a besoin d'un club de jeunes pour occuper les adolescents parce qu'il n'y a pas grand-chose à faire ici. En plus, on a besoin d'espaces verts pour protéger la nature.

Mes copines et moi, on aime le patin à glace, mais il n'y a pas de patinoire dans mon quartier. Je pense qu'on a besoin d'une patinoire ici.

B

J'habite à Arles, dans le sud de la France. C'est une ville historique. Les touristes viennent ici pour voir les monuments et pour visiter les musées.
À mon avis, pour améliorer la ville, on a besoin de pistes cyclables. Je pense que c'est important pour la sécurité des cyclistes.
Dans mon quartier, on a besoin d'un terrain de jeux ou d'un skate et roller park avec des rampes parce que c'est dangereux de faire du roller dans la rue. Et on a besoin d'un bowling parce que c'est génial, le bowling!

■■ Expressions-clés ■■■■■■■■■■■■■■■■■

On a besoin …
    d'une patinoire
    d'un bowling
    d'un club de jeunes ⎫ singulier
    d'un terrain de jeux ⎭
    de parkings souterrains ⎫
    de pistes cyclables ⎬ pluriel
    de rues piétonnes ⎭
Je pense   que cette ville est jolie.
         qu'on a besoin de pistes cyclables.

ZOOm grammaire: pour + infinitive

After **pour** (when it means "in order to"), you have to use a <u>verb in the infinitive</u>.

Je vais en ville pour <u>faire</u> du shopping.

1 List examples of this from the texts on page 60.

Je surfe sur Internet.

J'envoie des e-mails.

J'écoute des CD.

Je joue aux jeux électroniques.

Je regarde des DVD.

Je fais mes devoirs.

2 Change the sentences in speech bubbles to start **J'utilise mon ordinateur pour …**
    Example   J'utilise mon ordinateur pour **surfer sur Internet.**

➡ 152

LIRE 2 Regarde les dessins. Trouve une Expression-clé pour chaque dessin.
    Exemple   **a** On a besoin d'une patinoire.

ÉCOUTER ÉCRIRE 3 Écoute Farid et Claire. Qu'est-ce qu'ils demandent? Prends des notes.
    Exemple   club de jeunes, bowling, …

PARLER 4 Regarde les dessins, activité 2, et interviewe ton/ta partenaire.
    Exemple
    A: Dans notre ville, on a besoin d'une patinoire?
    B: Non. À mon avis, ce n'est pas nécessaire./ Oui, je pense que c'est une bonne idée parce que j'adore le patin à glace.

Challenge!

A Et dans ta ville? Fais un poster: dessine et écris.
    Exemple  *On a besoin d'une piscine*

B Imagine la lettre que Claire ou Farid envoie au journal local. (Utilise tes notes, activité 3.)
    Exemple   Monsieur, Dans notre quartier, il n'y a rien pour amuser les jeunes. On a besoin de … Je pense que …

C Qu'est-ce qu'on veut dans ta ville? Donne ton avis.
    Exemple   Dans mon quartier, on a besoin de cafés parce que … Je pense qu'on a besoin d'un cinéma pour …

4.4 Nettoie le monde

- Talk about what you plan to do to improve the environment
- Form other words in the same family

À vos marques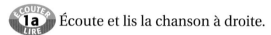

a Trouve les mots qui riment: tu as 30 secondes.
Exemple français – paquet
b Avec un(e) partenaire, trouve d'autres rimes: oui/vie = si, dis, lundi, etc.
Vous avez 60 secondes.

paquet oui plastique vie beau français villa journaux climat panique changer pollué

1a Écoute et lis la chanson à droite.

1b Il y a des mots nouveaux dans la chanson? Qu'est-ce qu'ils veulent dire? Devine. Ensuite, utilise le dictionnaire pour vérifier.

1c Dans la chanson, trouve:
a cinq choses qu'on jette dans la rue (journaux, etc.)
b des mots négatifs (pollution, etc.)
c des mots positifs (construction d'un monde meilleur, etc.)

Guide pratique

Word families

Nouns, verbs, adjectives and adverbs are often "related", e.g. **communiquer** (verb) and **la communication** (noun).

1 Guess the meaning of these verbs, then check in a dictionary.
a préserver   **d** protéger
b exploiter   **e** détruire
c polluer   **f** construire

2 All the verbs in 1 form their noun with a **-tion** ending. Find them in the song lyrics (right).

3 The past participle of all the verbs in 1 can be used as an adjective. For example: **préservé** = preserved. List the other five and give their meaning.

Refrain
Dans la rue, ce n'est pas beau,
Papiers gras et vieux journaux,
Paquets de chips et vieux mégots,
Emballage tout en plastique,
Les ordures, quelle panique!
Écolo héros
Écolo zéro
Écolo sans trop
Éco … écologique!
Nettoie le monde,
Sois sympathique.

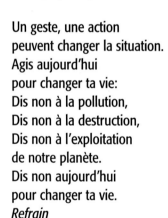

Un geste, une action
peuvent changer la situation.
Agis aujourd'hui
pour changer ta vie:
Dis non à la pollution,
Dis non à la destruction,
Dis non à l'exploitation
de notre planète.
Dis non aujourd'hui
pour changer ta vie.
Refrain

Un geste, une action
peuvent changer la situation.
Agis aujourd'hui
pour changer ta vie:
Dis oui à la protection
Et à la préservation,
Dis oui à la construction
d'un monde meilleur.
Dis oui aujourd'hui
pour changer ta vie.
Refrain

Expressions-clés

Je vais …
a recycler les bouteilles/le verre.
b recycler les papiers/journaux et magazines.
c acheter du papier recyclé.
d prendre une douche, pas un bain.
e baisser le chauffage et mettre un pull.
f éteindre la lumière quand je quitte une pièce.

Je ne vais pas …
g jeter les sacs en plastique (on peut les recycler).
h laisser le robinet ouvert quand je me brosse les dents.
i toujours me déplacer en voiture.

LIRE 2a Trouve une Expression-clé pour chaque dessin.

ÉCOUTER 2b Écoute Bénédicte, Karim et Alice. Note leurs idées de gestes écologiques.
Exemple   d, …

PARLER 2c Ton/Ta partenaire est écolo? Pose des questions.
Exemple
A: Tu vas recycler les bouteilles?
B: Moi, je vais toujours recycler les bouteilles.
A: C'est bien: trois points.

Oui, toujours	=	3 points
Oui, quelquefois	=	2 points
Rarement	=	1 point
Non, jamais	=	0 point

Challenge!

A Fais un poster ou un enregistrement (audio ou vidéo) pour montrer tes bonnes résolutions.

B Interviewe ton/ta partenaire sur ses bonnes résolutions. Qu'est-ce qu'il/elle va faire? Quand? Pourquoi?

C Écris un poème ou une chanson écolo.

Mes bonnes résolutions pour protéger la planète!

● Different ways to talk about the future

1 *La Terre est en danger. Nous devons la protéger!*

2 *C'est vrai! Un jour, je voudrais être écologiste.*

3 *Oui, je vais recycler mes vieux magazines. Bonne idée!*

4 *Sauvez la planète! Commencez aujourd'hui!*

Euh … moi, je commence demain …

Q How do you talk about things in the future?

A There is a special future tense, but you already know some different ways to express future ideas:

a use the present tense

b use **aller** + infinitive

c use a conditional (e.g. **il voudrait**).

1 Read the cartoon-strip above and find an example of each. ➡ 150

Q How can I tell if a present tense verb is talking about the future?

A From the context. There is usually a "time expression" to make things clearer.

L'année prochaine, j'entre par la porte!

2 Give the English equivalent of these sentences.

a Demain, je prends une douche, pas un bain.

b Samedi, j'achète du papier recyclé.

c La semaine prochaine, je recycle les sacs en plastique. ➡ 150

Q What if I want to talk about a future event?

A If it's definitely going to happen, you can use **aller** + *infinitive*.

■■ Rappel ■■■■■■■■■■■■

je vais	nous allons
tu vas	vous allez
il/elle/on va	ils/elles vont

*Nous **allons** trouver un appartement moderne et confortable.*

3 Make sentences from the words in the boxes.

a tu   recycler   vas   bouteilles   les   ?

b je   en   habiter   Provence   vais

c demain   ne   on   pas   va   prendre   voiture   la

d vont   mes   lumière   parents   éteindre   la ➡ 150

Q What about something that's not definite?

A For something you'd like to happen, use the conditional of **vouloir**, e.g. **je voudrais** = I would like to.

■■Rappel ■■■■■

je voudrais
tu voudrais
il/elle/on voudrait

On voudrait avoir une boîte de nuit ici.

4 Translate into French using the conditional.

a I'd like to live in a big house.

b My father would like to visit Provence.

c Would you like to go to the swimming pool?

d She'd like to turn down the heating. ➡ 150

4.5 Grammaire en plus

● The future tense

Q When do you use the future tense?

A To predict what will take place or to say how things will be.

*Dans 100 ans, nous **habiterons** dans des maisons en plastique.*

*Un jour, tout le monde **voyagera** dans un avion personnel.*

➡ 150

Q How is the future tense formed?

A Take the infinitive* of the verb (the future stem) and add the following endings:

habiter + endings

j'habiter**ai**	nous habiter**ons**
tu habiter**as**	vous habiter**ez**
il/elle/on habiter**a**	ils/elles habiter**ont**

*If the infinitive ends in **-e**, take off the **-e** first:
prendre → **prendr**, **vivre** → **vivr**, etc.)

1 Work out the correct future tense form.
Example dire (on) = on dira
  a regarder (il)
  b manger (je)
  c finir (nous)
  d oublier (elles)
  e vendre (tu)
  f détruire (vous)

➡ 150

Q Are there any exceptions to the rule?

A Just a few, which you can learn by heart. Start with these:

infinitive	stem	example
aller	ir	j'irai, etc.
avoir	aur	j'aurai, etc.
être	ser	je serai, etc.
faire	fer	je ferai, etc.
venir	viendr	je viendrai, etc.

2 Work out the correct future tense form.
Example faire (nous) = nous ferons
  a avoir (on)   **g** venir (il)
  b faire (elle)   **h** être (on)
  c aller (ils)   **i** avoir (nous)
  d être (tu)   **j** aller (tu)
  e avoir (vous)   **k** venir (nous)
  f faire (je)   **l** être (vous)

3 Copy out the paragraph below, changing the infinitives in brackets to the correct form of the future tense.

Si on ne fait pas attention, dans 100 ans, la Terre (*être*) inhabitable. Il n'y (*avoir*) plus d'air pur et nous (*respirer*) de l'air dangereusement pollué. L'eau aussi (*être*) polluée et les ressources de la planète (*être*) épuisées. Nous (*avoir*) tous une vie plus agréable si on pense "écolo". Par exemple, si tu recycles le papier, le verre et le plastique, tu (*faire*) moins de déchets et tu (*réduire*) le gaspillage …

➡ 154–7

Si j'étais président(e)

Si vous étiez président(e), que feriez-vous? *Équipe nouvelle* pose la question à trois jeunes Français.

AU SECOURS

Jérémie, 15 ans

Si j'étais président, je prendrais des mesures contre les déchets polluants: l'essence, le pétrole, etc. Je bannirais les piles-boutons qui sont utilisées dans les montres parce qu'elles contiennent du mercure (mélangé à de l'eau, ce mercure se transforme en poison!). Et les industries qui produisent de nombreux déchets toxiques (c'est-à-dire dangereux pour la santé de l'homme et la nature) changeraient leurs systèmes de production. J'introduirais aussi une meilleure éducation sur les dangers de la drogue.

Sarah, 14 ans et demi

Si j'étais présidente, ce serait super! Pour commencer, l'école ne serait pas obligatoire. Les jeunes seraient libres de faire ce qu'ils veulent. Le gouvernement donnerait un ordinateur à chaque adolescent pour travailler seul, quand il veut. Sur les autoroutes, les voitures rouleraient moins vite et il y aurait moins d'accidents. L'essence ne serait pas chère et elle ne polluerait pas l'atmosphère. Il y aurait des parkings souterrains dans toutes les villes. Les gens qui travaillent auraient deux mois de vacances par an.

Mazouza, 15 ans et demi

Si j'étais présidente, je ferais tout pour encourager la science. La science peut améliorer les conditions de vie. Par exemple, le développement de la médecine limiterait les maladies. Par contre, certaines avancées scientifiques ne sont pas bonnes, et j'interdirais les expériences sur le clonage et les organismes génétiquement modifiés (OGM) par exemple. Au collège, tous les élèves étudieraient les sciences tous les jours. En plus, on aurait des lois plus sévères contre le racisme et le vandalisme.

1 Écoute et lis les réponses des trois jeunes. Qui parle de ça?
  a les déchets qui polluent
  b la science
  c les véhicules et les routes
  d la pollution (2 personnes)

2 Trouve:
  a free to do what they want
  b to work on their own
  c fewer accidents
  d industries that produce a lot of toxic waste
  e dangerous to health
  f I would do everything
  g cloning
  h we would have stricter laws

3 En anglais, note les mesures que tu trouves bonnes. Avec qui es-tu le plus d'accord?

ZOOm grammaire: the conditional

Verbs in the conditional are used where in English we use "would" + verb:

Si j'étais président(e), ce serait super!
If I were president, it would be great!

The conditional is formed in a similar way to the future tense in French. To form the conditional, add these endings to the future stem:

je donner**ais**	nous donner**ions**
tu donner**ais**	vous donner**iez**
il/elle/on donner**ait**	ils/elles donner**aient**

1 List all the examples of the conditional in the three paragraphs above and give their English equivalent.
→ 150

 Vocabulaire

Chez moi

On a une maison moderne/un petit appartement.

Au rez-de-chaussée/Au premier étage, il y a (un séjour et deux chambres).

La cuisine est en face de la salle à manger.

Ma chambre est à côté de la salle de bains.

près de/à droite de/à gauche de

At my house

We've got a modern house/a small flat.

On the ground floor/first floor, there is (a living-room and two bedrooms).

The kitchen is opposite the dining-room.

My bedroom is next to the bathroom.

near/to the right of/to the left of

Ma ville	My town
C'est une ville ancienne/moderne.	It's an old/modern town.
C'est un village animé/mort.	It's a lively/dead village.
C'est une région industrielle/agricole.	It's an industrial/agricultural region.
historique/calme	historic/peaceful
touristique/intéressant(e)	touristy/interesting
Il y a une gare routière/un stade.	There's a bus station/sports stadium.
Il n'y a pas de jardin public/de pharmacie.	There's no park/chemists.
On y fait des promenades.	People go for walks there.

Améliorer la ville	Improving the town
On a besoin d'une patinoire/d'un bowling.	We need a skating rink/bowling alley.
On a besoin de rues piétonnes/de parkings souterrains.	We need pedestrian streets/underground car parks.
Je voudrais un terrain de jeux/un club de jeunes.	I'd like a playground/a youth club.
Je pense que cette ville est jolie, mais on a besoin de pistes cyclables.	I think this town is pretty but we need some cycle tracks.

Pour sauver la Terre …

Je vais recycler le verre/les papiers.

Je vais acheter du papier recyclé.

Je vais prendre une douche, pas un bain.

Je vais baisser le chauffage et mettre un pull.

Je vais éteindre la lumière quand je quitte une pièce.

Je ne vais pas jeter les sacs en plastique.

Je ne vais pas laisser le robinet ouvert quand je me brosse les dents.

Je ne vais pas toujours me déplacer en voiture.

To save the Earth …

I am going to recycle glass/paper.

I am going to buy recycled paper.

I am going to have a shower, not a bath.

I am going to turn down the heating and put on a jumper.

I am going to switch off the light when I leave a room.

I am not going to throw away plastic bags.

I am not going to leave the tap running when I brush my teeth.

I am not always going to travel by car.

4 Podium

I know how to:

- ⭐ say where I live: J'habite à Arles, en Provence.

- ⭐ describe my home: On a un petit appartement moderne.

- ⭐ say what rooms there are and where they are: Au rez-de-chaussée, il y a une cuisine et un séjour. Ma chambre est à côté de la salle de bains.

- ⭐ describe my town/area: C'est une ville historique. C'est une région agricole.

- ⭐ talk about its facilities: Il y a une gare, un jardin public et des hôtels. Il n'y a pas de gare routière/de collège.

- ⭐ say what is needed to improve my home area: On a besoin d'un terrain de jeux, de rues piétonnes et de pistes cyclables.

- ⭐ say what I think: Je pense que cette ville est jolie, mais à mon avis on a besoin de parkings souterrains.

- ⭐ talk about what I plan to do to improve the environment: Je vais recycler les bouteilles. Je ne vais pas jeter les sacs en plastique.

- ⭐ use the pronoun y: On y prend le train. On y achète des timbres.

- ⭐ use pour meaning "in order to": Je vais au stade pour jouer au foot.

- ⭐ talk about what's going to happen in the future: La Terre sera inhabitable, il n'y aura plus d'air pur.

- ⭐ form and use the future tense: j'habiterai, tu habiteras, il/elle/on habitera, etc.

- ⭐ form other words in the same family: préserver– préservé – préservation, exploiter – exploité – exploitation, polluer – pollué – pollution

- ⭐ pronounce liaisons: chez elle, c'est important, des ordures

⭐ ⭐ ⭐ ⭐ ⭐ ⭐ ⭐ ⭐ ⭐

Do a report on the street (or streets) outside your school.

 Copy out the forms. Go into the street and fill in the forms.

 Write a summary of your observations.

 Write a report of your observations, with your opinions and recommendations for improving the street.

La rue s'appelle			
Cette rue est			
très	assez	pas du tout	
			moderne
			historique
			industrielle
			commerciale
			résidentielle
			animée
			belle
			propre

	OUI	NON
Il y a:		
beaucoup de voitures		
beaucoup de piétons		
beaucoup de bruit		
beaucoup d'ordures		
....		
....		

3-4 Révisions

➠ Regarde d'abord les pages 41–68.

1 Recopie et complète la grille.

Pour sauver la Terre,	
je vais …	je ne vais pas …

a recycler les bouteilles
b acheter du papier recyclé
c jeter les sacs en plastique
d prendre une douche, pas un bain
e laisser le robinet ouvert quand je me brosse les dents
f baisser le chauffage et mettre un pull
g recycler les journaux
h éteindre la lumière quand je quitte une pièce
i prendre la voiture tous les jours

2 Qu'est-ce qu'ils disent?

Exemple **a** J'ai oublié mon baladeur. Tu peux me prêter un baladeur?

3 Samuel et Alice sont à table. Écoute et choisis la bonne réponse.

1 Alice aime bien
a **b**

3 Alice est allergique aux
a  **b**

2 Samuel préfère
a  **b**

4 Comme dessert, Alice prend
a **b**

4a Lis les textes de Penny et David. Qui …?
  a a préféré le dessert?
  b a visité le collège?
  c a eu une chambre au septième étage?
  d a visité une ville au bord de la mer?
  e a fait du vélo?

 4b Vrai ou faux?
  a David a eu un problème avec sa famille française.
  b Penny aime bien sa correspondante.
  c Penny a dormi au premier étage.
  d David est allergique aux fruits de mer.
  e Il y a assez de pistes cyclables à Guildford.
  f Il n'y a pas de rues piétonnes à La Rochelle.
  g Penny déteste le théâtre.
  h David veut retourner à La Rochelle.

J'ai fait un échange à Strasbourg, dans l'est de la France. C'est une ville moderne et animée. Ma correspondante habite dans une assez grande maison à côté de l'université. Ma chambre était au rez-de-chaussée en face de la cuisine.

J'ai aimé tous les repas et mon plat préféré, c'était la tarte aux pommes.

On est allées au collège à vélo – il y a beaucoup de pistes cyclables. Chez moi, à Guildford, on a besoin de plus de pistes cyclables!

Je m'entends bien avec ma correspondante. Elle est sympa. Elle va venir chez moi l'année prochaine! On va visiter Londres et on va aller voir tous les monuments historiques. On va aussi aller au théâtre, parce que j'adore ça!

Penny

 5a **A** est journaliste pour le magazine du collège. **B** est rentré(e) au collège après un échange en France. Préparez les questions et les réponses. **A** interviewe **B**.

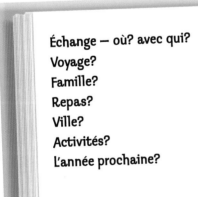

Échange – où? avec qui?
Voyage?
Famille?
Repas?
Ville?
Activités?
L'année prochaine?

5b Fais un résumé de l'interview.
  Exemple Susie a fait un échange à Bourges avec Noëline qui a 16 ans. Elle a fait bon voyage. C'était …

J'ai fait un échange à la Rochelle, qui se trouve dans l'ouest de la France, sur la côte atlantique. C'est une ville historique, touristique et animée.

Mon correspondant habite dans un petit appartement dans la banlieue de la Rochelle. C'est au septième étage.

Les repas étaient délicieux, surtout les fruits de mer.

Le premier jour, on a fait le tour de la ville – la gare, le port, les magasins … J'ai aimé les rues piétonnes, parce que c'est plus calme. À Cardiff, on a besoin de plus de rues piétonnes.

La famille de mon correspondant était vraiment gentille. Je vais retourner à La Rochelle l'année prochaine et je vais faire de la voile et de la planche à voile – ça va être super!

J'espère que mon correspondant va venir chez moi au mois d'octobre.

David

5 Mes années d'école

- **Contexts:** school
- **Grammar:** *il faut/il ne faut pas, devoir* + infinitive; imperfect tense
- **Language learning:** making notes; prefixes
- **Pronunciation:** intonation and rhythm/stressing words
- **Cultural focus:** Chamonix (Rhône-Alpes region); school life

1

2

	Lundi	Mardi	Mercredi
8 heures		EPS	Allemand
9 heures	Vie de classe	Musique	Anglais
10 heures	Allemand	Anglais	Français
11 heures	Mathématique	Français	Histoire géographie
12 heures	cantine	cantine	
13 heures	Histoire Géographie	Arts plastiques	
14 heures	Permanence	SVT	
15 heures	IDD Français		
16 heures	IDD		
17 heures			

3

4

LIRE 1 Regarde et lis. C'est quelle image?
Exemple **a 3**
  a une classe des années 50
  b une classe aujourd'hui
  c un emploi du temps
  d des matières qu'on fait au collège

PARLER ÉCRIRE 2a Avec un(e) partenaire, fais une liste de tes matières au collège.

ÉCOUTER 2b Écoute Arnaud et Roxanne. Sur ta liste, coche les matières qu'ils mentionnent. Tu en as combien?

ÉCOUTER ÉCRIRE 2c Réécoute. Note ce qu'ils aiment/n'aiment pas et autres opinions.

- Find out more about Arnaud Robertin and Chamonix
- Discuss reasons for learning languages
- Revise school subjects and opinions

À vos marques

Lis la fiche d'Arnaud. Vrai, faux ou on ne sait pas?

a Arnaud habite à Annecy.

b Il est fils unique.

c Il est sportif.

d Il apprend deux langues au collège.

e Un jour, il voudrait être footballeur.

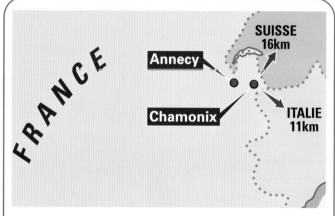

Nom:	Robertin
Prénom:	Arnaud
Âge:	15 ans
Domicile:	28, route du Bouchet, 74400 Chamonix
Famille:	un frère (7 ans)
Passe-temps:	le ski, l'escalade, le football, l'informatique
Langue(s) parlée(s)	français (apprend l'anglais et l'espagnol au collège)
Ambitions	faire du ski à Aspen au Colorado, aux USA (c'est une ville jumelée avec Chamonix), devenir moniteur de ski comme son père

Chamonix

Situation:	À 1035 mètres, dans la région Rhône-Alpes, à l'est d'Annecy
Habitants:	10 000
Activités sportives:	le ski, l'escalade, le patinage, le bowling, la natation, le tennis, le golf
Climat:	froid et neigeux en hiver, doux (souvent orageux) en été

 1 Lis la fiche sur Arnaud et la fiche sur Chamonix. Écoute et réponds aux questions enregistrées.

2a Lis la lettre d'Arnaud. Trouve:
 a deux sports
 b huit matières
 c cinq opinions

2b Recopie et complète les phrases.
 a Simon va à *** chez *** en ***.
 b La matière préférée d'Arnaud, c'est le ***.
 c Il trouve le prof de sport très ***.
 d Pour Arnaud, le français est ***.
 e Il trouve le dessin ***.

■■ **Expressions-clés** ■■■■■■■■■■■■■■■■

Tu es fort(e) en sport?

| Je suis assez | fort(e)/bon(ne) | en maths. |
| | faible/nul(le) | en dessin. |

Tu aimes le français?

Je trouve ça ✓ intéressant/super/amusant/génial
✗ difficile/nul/pas marrant/fatigant

3a Sondage.
Exemple
A: Tu es fort(e) en français?
B: Oui, je suis fort(e) en français.
A: Et toi? Tu es fort(e) en français?
C: Je suis assez fort(e) en français.
A: Tu es fort(e) en français?
D: Non, je suis faible en français.

Le français			
fort	*assez fort*	*assez faible*	*faible*
✓	✓		✓
	✓		

3b Avec un(e) partenaire, discute de tes matières. Utilise les Expressions-clés.
Exemple
A: Tu es fort(e) en anglais?
B: Oui, je suis fort(e) en anglais.
A: Et tu aimes l'anglais?
B: Oui, je trouve ça intéressant.

Cher Simon

Ça va? Alors, tu viens à Chamonix en juin, c'est génial! Tu vas visiter mon collège. Ça va être intéressant. C'est un collège assez grand et bien équipé. Tu vas pouvoir m'aider avec mes devoirs d'anglais! En fait, je suis assez fort en anglais – j'aime bien les langues. Parler une autre langue, c'est utile quand on voyage. Et pour moi, si je deviens moniteur de ski, ça va être utile pour parler avec les touristes étrangers.

Quelle est ta matière préférée? Pourquoi? Moi, c'est le sport, parce que le prof est très sympa. Je suis très fort en sport, surtout en football et en ski. En plus, j'aime bien l'anglais et l'espagnol, les sciences, la géographie (on dit "la géo") et l'informatique. L'année dernière, j'étais faible en informatique, mais cette année, j'ai un prof super et je comprends tout!

Par contre, je suis faible en français – je trouve ça difficile. En dessin non plus, je ne suis pas très bon, mais je trouve ça amusant. Tu aimes le dessin? Tu es fort en quelles matières?

On mange à la cantine à midi et, en général, on mange bien. Toi aussi, tu manges à la cantine de ton collège?

À +,

Arnaud

Challenge!

A Tu es fort(e)? Tu es faible? Écris une phrase pour chacune de tes matières et donne ton opinion.
Exemple Je suis assez faible en technologie, mais je trouve ça intéressant.

B Réponds aux questions dans la lettre d'Arnaud.

C Écris une lettre similaire à un(e) correspondant(e) français(e) qui vient chez toi.
Exemple Mon collège est très grand et moderne mais pas très bien équipé. Je suis assez fort(e) en … parce que …

- Say why you like school
- Make notes

À vos marques

a Écris une phrase pour chaque photo.
   Exemple   a *J'aime bien aller au collège*
             parce que j'y retrouve mes
             copains.
b Écoute et vérifie.

il y a un super club de photographie
il y a beaucoup d'ordinateurs
j'y retrouve mes copains
on mange bien à la cantine
on y fait beaucoup de sport
les profs sont sympa

▪▪ Rappel ▪▪▪▪▪▪▪▪▪▪▪▪▪▪▪▪▪▪▪

parce que + a, e, i, o, u = parce qu'
J'aime bien le prof d'anglais, **parce qu'***il est*
intéressant.

Guide pratique

Making notes

If you are asked to listen and make notes, you can:
- just note key words   *copains*
- use abbreviations   *cop.*
- draw quick pictures

1a Listen to Anne-Sophie and Martin.
     Which of them do you think these notes refer to?

collège ♥   copains
clubs?   photo – super
cantine ☹   profs – sympa

1b Listen again. Make notes on the other
     conversation. Compare your notes with a partner.

a Hélène

J'aime bien le collège parce que j'ai beaucoup de copains et il y a un super club de théâtre. À la cantine, on mange bien. J'aime le tennis et il y a beaucoup de courts de tennis. Malheureusement, il n'y a pas assez d'ordinateurs.

b Claire

Je n'aime pas le collège parce que les profs sont trop sévères et il n'y a pas assez d'ordinateurs. Il n'y a pas de club de judo et c'est mon sport préféré. Il y a trop de devoirs aussi!

c Cherif

J'aime bien le collège. J'y retrouve mes copains et les profs sont sympa. Il y a un super club de photographie. Par contre, à la cantine, on mange mal. Il y a trop de cours de maths! Je suis faible en maths!

d Frédérique

J'aime bien le collège parce qu'il est bien équipé et il y a beaucoup d'activités sportives. Malheureusement*, il n'y a pas de piscine. Les profs sont sympa, sauf* le prof de biologie – il est trop sévère.

e Patrick

Il y a un super club d'informatique, mais il n'y a pas assez d'ordinateurs. Je n'aime pas la prof d'anglais parce qu'elle est trop sévère.

malheureusement – unfortunately
sauf – except for

1a Lis et écoute. Qui est le plus positif?

1b Réécoute. Qui est le plus négatif?

1c Explique tes réponses à 1a et 1b.

2a Recopie les Expressions-clés. Complète avec les expressions des bulles a–e.
   Exemple *J'aime bien le collège parce qu'il y a beaucoup d'activités sportives.*

2b Adapte les expressions des bulles.
   a too many strict teachers
   b no basketball court
   c lots of books in the library
   d French club
   e not enough teachers

3 Jeu de mémoire.
   Exemple
   A: *J'aime bien le collège parce qu'il y a beaucoup d'ordinateurs.*
   B: *J'aime bien le collège parce qu'il y a beaucoup d'ordinateurs et il y a un club de football.* etc.

▪▪ Expressions-clés ▪▪▪▪▪▪▪▪▪▪

J'aime bien le collège
   parce qu'il y a …
   parce qu'il y a beaucoup de …
Je n'aime pas le collège
   parce qu'il n'y a pas de …
   parce qu'il n'y a pas assez de …
   parce qu'il y a trop de …

Challenge!

A Décris ton collège idéal: fais une liste ou un poster.
   Exemple *Il y a beaucoup d'ordinateurs. Il n'y a pas de devoirs.*

B Tu aimes le collège? Relis les bulles a–e et écris un paragraphe similaire.

C Qu'est-ce que les jeunes aiment au collège? Interviewe des camarades et note leurs réponses. Puis utilise tes notes pour écrire un article.
   Exemple *La majorité des élèves interviewés aiment … parce que … Par contre, trente pour cent n'aiment pas … etc.*

Guide du parfait élève

- Talk about school rules
- Use *il faut/il ne faut pas*
- Understand some rules of intonation

À vos marques

Regarde Dracula Junior. Imagine ce qu'il dit. Tu as 30 secondes.

1a Lis les Expressions-clés. C'est quoi, en anglais? Qu'est-ce qu'il faut ou ne faut pas faire au collège? Écris des phrases.

Exemple Il faut arriver à l'heure. Il ne faut pas laisser son portable allumé. etc.

1b Dessine un petit symbole pour chaque phrase.

Exemple

■ ■ Expressions-clés ■ ■ ■ ■ ■ ■ ■ ■ ■ ■ ■ ■ ■

✓	✗
Il faut …	Il ne faut pas …
On doit …	On ne doit pas …

arriver à l'heure
laisser son portable allumé
manger en classe
courir dans les couloirs
fumer à l'intérieur
porter de(s) bijoux
respecter les profs et les autres élèves
faire ses devoirs régulièrement
apporter un mot d'absence signé par les parents

1c Écoute Arnaud, Margot, Samir et Nelly. Dessine des symboles pour noter le règlement dans leurs collèges.

2 A choisit les trois points du règlement qu'il/elle trouve les plus importants. B devine ce que c'est. Ensuite, changez de rôles. Qui devine le plus vite?

Exemple

B: Il ne faut pas porter de bijoux?

A: Non, ce n'est pas ça. etc.

3 Invente une phrase pour chaque dessin à droite.

tricher – to cheat
sécher les cours – to play truant

ZOOM grammaire: il faut + infinitive

After **il faut** (meaning "you have to") or **il ne faut pas** ("you mustn't"), use a verb in the infinitive.

 Il ne faut pas partir.

 Il faut manger à la cantine.

1 Give the English equivalents of these sentences.
  a Il faut aller à l'école le samedi matin.
  b Il faut acheter ses crayons et ses cahiers.
  c Il ne faut pas paniquer avant les examens.
  d Il ne faut pas parler pendant les examens.

2 Translate these sentences into French.
  a You have to answer the questions.
  b You have to read the book.
  c You must not listen to your personal stereo in class.
  d You must not talk to your friends.
  e You must use a dictionary.

➡ 152

Challenge!

A Quel est le règlement dans ton collège? Fais une brochure.
  Exemple Il ne faut pas entrer dans la salle d'informatique à midi.

B Le règlement de ton collège, est-il juste ou pas? Discute avec ton/ta partenaire et puis écris un résumé.
  Exemple
  A: Il ne faut pas laisser son portable allumé en classe. C'est juste?
  B: Oui, je trouve que c'est juste. Si on téléphone, on n'écoute pas le prof. etc.

C Écris un règlement idéal pour ton collège en 10 phrases. Explique ton choix.
  Exemple Il faut écouter de la musique pendant les cours parce que ça relaxe les élèves. On doit …; on n'a pas besoin de …

Point culture — Learning to live together

French state schools are not religious and don't have religious assemblies. Students may not wear obvious religious jewellery or clothing, although discreet signs of their religion may be tolerated. The school calendar has holidays for the main Catholic festivals – Christmas, Easter, etc. Students may be absent for important festivals of their own religion, if they have a note from their parents.

1 List in French the holidays in your school year.

Ça se dit comme ça!

Intonation: FAQ

Q **French sounds different from English. Why?**
A In English, we tend to stress or emphasize certain syllables, whereas in French all syllables are given more or less the same weight.

1a Listen and compare. Which syllable is stressed in the English?
  a *geography* géographie
  b *positive* positif
  c *activity* activité
  d *elephant* éléphant

1b Read these words aloud, then listen to check.

collège important oublier professeur

chimie privilège classeur résultat

Q **What is intonation?**
A It refers to the tone or pitch of someone's voice.

2 Read these sentences aloud. Compare them. Then listen to check.
  On va au collège. On va au collège?
  Ils aiment les maths. Ils aiment les maths?

● Talk about what school was like in the past

À vos marques

À deux, écrivez votre "alphabet du collège".

Arnaud et son petit frère

ÉCOUTER 1 Écoute. Regarde les dessins à droite. Note les activités d'Arnaud dans l'ordre mentionné.
Exemple h, ...

LIRE ÉCRIRE 2 Écris une phrase pour chaque illustration (voir les Expressions-clés).
Exemple Je faisais du ski.

■ ■ Expressions-clés ■ ■ ■ ■ ■ ■ ■ ■ ■ ■ ■ ■ ■ ■ ■ ■

Qu'est-ce que tu faisais à l'école primaire?
Je dessinais.
Je chantais.
J'apprenais à lire/écrire/compter.
Je faisais du ski.
Je jouais au foot.
J'écoutais des histoires.
Je parlais avec des copains.

A comme anglais (ou adolescents/amusant/ ancien/apprendre, etc.)
B comme bulletin scolaire
C comme cours, etc.

PARLER 3 **A** choisit une identité. **B** devine. Puis changez de rôle.
Exemple
A: Qu'est-ce que tu faisais à l'école primaire?
B: J'apprenais à lire. (C'était difficile.)
A: Tu écoutais des histoires?
B: Oui, j'écoutais des histoires. (C'était super!)
A: Tu es Charlotte.

4a Écoute. Mets les questions d'Arnaud dans le bon ordre.

Arnaud pose des questions à sa grand-mère.

a Tu avais des devoirs?

b Tu aimais l'école?

c Qu'est-ce que tu portais?

d Tu aimais tes profs?

e Quelle était ta matière préférée?

f Tu apprenais des langues?

g Qu'est-ce que tu faisais à l'école?

h Il y avait des clubs?

 4b Relie les questions aux réponses.
Exemple **a 6**

1 Oui, j'apprenais le latin. C'était difficile.
2 Oui, mais ils étaient assez sévères.
3 Je préférais le français. C'était super, parce que j'aimais lire et écrire.
4 Je portais une jupe et un pull.
5 Non, il n'y avait pas de clubs.
6 Oui, j'avais beaucoup de devoirs, surtout en français et en maths.
7 J'apprenais beaucoup de choses, je dessinais, je jouais du piano …
8 Oui, bien sûr! J'aimais bien l'école!

 4c Réécoute et vérifie.

4d À toi de répondre aux questions des bulles de l'activité 4a.

 **Challenge!**

Qu'est-ce que tu faisais à l'école primaire?

A Écris et dessine une bande dessinée sur l'école primaire.

B Interviewe ton/ta partenaire sur ce qu'il/elle aimait à l'école primaire..
Exemple Qu'est-ce que tu aimais à l'école primaire? Pourquoi?

C Écris une lettre à un(e) correspondant(e) français(e). Compare ce que tu faisais à l'école primaire et ce que tu fais maintenant.
Exemple À l'école primaire, je faisais du sport tous les jours, mais, au collège, on fait du sport seulement le mercredi.

5.5 *Grammaire* encore

● Recognize and use the imperfect tense (singular forms)

Q When do you use the imperfect tense?

A ● To describe something in the past:
C'était génial! It was great!
● To talk about something that used to happen regularly in the past:
Tous les jours, je jouais dans la cour.
Every day, I used to play in the playground.

1 In which of these sentences would you use the imperfect in French?
a I speak French.
b I used to learn German.
c It was a bit boring.
d Once, I went to Germany.
e When I was little, we went swimming every Sunday.
➡ 149

Q How do you form the imperfect tense?

A Think of the present tense of the verb with **nous**:
aller → nous allons
faire → nous faisons

B Then cross off **-ons** to form the stem:
allons → all
faisons → fais

C Add imperfect endings to the stem.

2 Work out the stems of these verbs. The verb tables on pages 154–7 will help.
a prendre
b dessiner
c devoir
d voir
NB There is one irregular stem: **être → ét**
➡ 149

Q What are the imperfect endings?

A Read the following paragraph and work them out!

> Quand j'étais petit, j'allais à l'école primaire à Chamonix. C'était super! On jouait, on travaillait, on dessinait, on écoutait des histoires … Moi, je parlais et je jouais beaucoup avec mes copains dans la cour. Je n'avais pas beaucoup de devoirs! Et toi, qu'est-ce que tu faisais à l'école primaire?

3 Complete the rules.
a **je** = stem + ***
b **tu** = stem + ***
c **il/elle/on** = stem + ***

4 Use the ideas on the right to help you complete Dracula's speech bubble. You must add exactly 25 words.

> *Quand j'étais petit, pendant le week-end, je/j'…*

J'	allais	à la poupée.
Je	jouais	aux petites voitures.
	faisais	à la piscine.
	écoutais	la télé.
	parlais	des bandes dessinées.
	regardais	la cuisine.
	lisais	des cassettes.
		avec mes copains.
		au parc.
		au foot.

C'était génial/intéressant/amusant/pas marrant.

➡ 149

5.5) *Grammaire* en plus

- Use the imperfect tense (all forms), understand how to choose the perfect or the imperfect tense

Q What do the imperfect endings look like?

A To the imperfect stem of the verb (see page 80), add these endings:

endings added to stem of **jouer**

je jou**ais**	nous jou**ions**
tu jou**ais**	vous jou**iez**
il/elle/on jou**ait**	ils/elles jou**aient**

Avant, les enfants n'allaient pas à l'école, mais ils apprenaient à dessiner tout seuls.

1 Work out the correct imperfect tense form.

Example faire (elles) = elles faisaient

a regarder (ils) **d** dessiner (elles)

b dormir (vous) **e** vouloir (nous)

c écouter (nous) **f** devoir (vous)

2 Copy out the paragraph below, changing the infinitives in brackets to the correct form of the imperfect tense.

> Nous *(porter)* des petits tabliers. Ils *(être)* à carreaux. Ils *(avoir)* des cols et des ceintures que nous *(nouer)* dans le dos. Qu'est-ce que vous *(porter)*? Les mauvais élèves *(avoir)* des punitions – ils *(aller)* au fond de la classe ou dans le couloir. Les bons élèves *(recevoir)* des bons points ou des images.

> à carreaux – checked
> un col – collar
> une ceinture – belt

➡ 149

Q How can I tell whether to use the perfect or the imperfect?

A

Perfect	Imperfect
Single completed action in past	Action that used to happen regularly or what something was like

3 Copy out the paragraph, choosing the correct verbs.

> Hier, *j'ai trouvé / je trouvais* une vieille carte postale de Bretagne. Chaque année, nous *partions / sommes partis* un mois et il y *avait / a eu* des valises jusqu'au toit de la voiture. Les valises *ont été / étaient* pleines à craquer! Papa *s'arrêtait / s'est arrêté* régulièrement pour voir si les cordes *tenaient bien / ont bien tenu*. En 1969, nous *sommes allés / allions* à Brest, en Bretagne. Tous les ans, nous *faisions / avons fait* une promenade en bateau, mais cette année-là, je suis *tombée / tombais* à l'eau.

➡ 149

Et toi, pourquoi vas-tu au collège?

Noémie, 14 ans
Je déteste mon collège. J'y vais parce que c'est illégal à mon âge de ne pas y aller! Je suis impatiente de ne plus aller à l'école. À l'école primaire, ce n'était pas si pénible parce que j'avais beaucoup de copines et on s'amusait bien.

J'aimais les sciences mais j'ai eu une prof très nulle et ses cours étaient si ennuyeux que ça ne m'intéresse plus du tout. Cette année, je suis en quatrième parce que je redouble. Je refais tout. Je ne suis plus avec mes copines et c'est insupportable.

Baptiste, 15 ans
Au collège, je me suis fait des amis et j'ai appris beaucoup de choses. J'ai toujours aimé l'école. L'année dernière, ma classe n'était pas super, mais cette année, ça va mieux. Avant, je considérais l'école comme un jeu. J'y allais pour voir mes amis. Maintenant, je travaille parce que je suis motivé.

Au collège, j'ai un seul problème: je ne suis encore jamais sorti avec une fille de ma classe. Je pense que je suis invisible pour elles!

Diane, 15 ans
L'année dernière, on était une bande de copines qui se mettait toujours au dernier rang et ne travaillait pas. Ma meilleure copine a dû redoubler – c'est injuste. Il y a encore des profs qui disent que mon travail est insuffisant et que je suis impolie, que je suis incapable de travailler comme il faut. C'est illogique parce que je fais un effort maintenant et j'ai de bons résultats. Je ne m'entends pas bien du tout avec ma famille et, à la maison, c'est difficile pour moi. J'aime venir au collège pour m'évader un peu.

 1a Écoute et lis ce que disent les trois jeunes. Qui est le plus positif? Et le plus négatif?

 **1b** Trouve:
  a it wasn't so awful
  b I'm repeating a year
  c I used to think school was a game
  d who always sat in the back row
  e I don't get on with my family

 1c Travaillez en groupes de trois. Chacun(e) résume un des points de vue ci-dessus.

 1d Lis ton résumé à ton groupe. Décidez ensemble de conseils à donner à chaque adolescent(e).
  Exemple Baptiste, il ne faut pas te préoccuper …. Tu dois … etc.

Guide pratique

Prefixes
A prefix is a group of letters you can put in front of a word to change its meaning.

1 Find in Noémie's paragraph two examples of words with the prefix **re-** (meaning "again") and give their English equivalent.

2 List all the words in the three paragraphs which start with the prefixes **in-**, **im-** or **il-** and give their English equivalent. How do they change the meaning of the word they are added to?

5 Vocabulaire

Les matières — School subjects

Tu es fort(e)/bon(ne) en sport?	*Are you good at PE?*
Je suis assez fort(e) en maths et en dessin.	*I am quite good at maths and art.*
Je suis faible/nul(le) en espagnol et en allemand.	*I am weak/no good at Spanish and German.*
Tu aimes le français/l'anglais/l'histoire?	*Do you like French/English/history?*
Ma matière préférée, c'est l'informatique.	*My favourite subject is IT.*
J'aime bien la géographie.	*I like geography.*
Je n'aime pas beaucoup les sciences.	*I don't much like science.*
La chimie, c'est intéressant.	*Chemistry is interesting.*
La physique, c'est génial.	*Physics is great.*
Je trouve ça intéressant/super/amusant/génial.	*I think it's interesting/great/fun/fantastic.*
C'est difficile/nul/pas marrant/fatigant.	*It's difficult/rubbish/dull/tiring.*

Opinions du collège — Opinions of school

J'aime bien le collège parce qu'il y a un …/ parce qu'il y a beaucoup de …	*I like school because there is a …/ because there are lots of …*
Je n'aime pas le collège …	*I don't like school …*
parce qu'il n'y a pas de/il n'y a pas assez de …	*because there aren't any/there aren't enough …*
parce qu'il y a trop de …	*because there is too much/there are too many …*

Le règlement — Rules

Il faut …/On doit …	*You must …*
Il ne faut pas …/ On ne doit pas …	*You must not …*
arriver à l'heure	*arrive on time*
laisser son portable allumé	*leave your mobile phone switched on*
manger en classe	*eat in class*
courir dans les couloirs	*run in the corridors*
fumer à l'intérieur	*smoke indoors*
porter de(s) bijoux	*wear jewellery*
respecter les profs et les autres élèves	*respect the teachers and other pupils*
faire ses devoirs régulièrement	*do your homework regularly*
apporter un mot d'absence signé par les parents	*bring a note (of absence) signed by your parents*

À l'école primaire — At primary school

Qu'est-ce que tu faisais à l'école primaire?	*What did you do at primary school?*
Je dessinais/chantais.	*I used to draw/sing.*
J'apprenais à lire/écrire/ compter.	*I learned to read/to write/to count.*
Je faisais du ski.	*I used to go ski-ing.*
Je jouais au foot.	*I used to play football.*
J'écoutais des histoires.	*I used to listen to stories.*
Je parlais avec des copains.	*I used to talk to my friends.*
Je n'avais pas beaucoup de devoirs.	*I didn't have a lot of homework.*
Je portais une jupe et un pull.	*I used to wear a skirt and a jumper.*

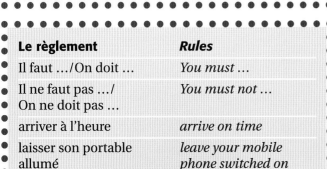

5 Podium

I know how to:

- ⭐ say what school subjects I am good at: Je suis fort(e) en maths et assez fort(e) en français.
- ⭐ say what school subjects I am weak at: Je suis faible en histoire et assez faible en musique.
- ⭐ say what my favourite subject is: Ma matière préférée, c'est l'informatique.
- ⭐ say why I like school: J'aime bien le collège parce qu'on peut faire beaucoup de sport et parce que les profs sont sympa.
- ⭐ say why I don't like school: Je n'aime pas le collège parce qu'il y a trop de devoirs/ il n'y a pas assez de clubs.
- ⭐ talk about school rules: Il faut respecter les profs et les autres élèves. On doit arriver à l'heure. Il ne faut pas courir dans les couloirs. On ne doit pas porter de bijoux.
- ⭐ talk about what school was like in the past: J'écoutais des histoires. Je dessinais. J'apprenais à lire et à écrire.
- ⭐ use **il faut/il ne faut pas** + verb: Il faut écouter. Il ne faut pas dormir en classe.
- ⭐ use **on doit/on ne doit pas** + verb: On doit faire ses devoirs. On ne doit pas fumer.
- ⭐ form and use the imperfect tense: je jouais, il regardait
- ⭐ recognize when to use the perfect and when the imperfect
- ⭐ make notes
- ⭐ recognize some prefixes
- ⭐ understand some rules of intonation and accent

Imagine yourself in 50 years' time. You are writing your memoirs. Write a short piece for the chapter about when you were at secondary school.

 75 words

 100 words

 125 words

6 Jours de fête

- **Contexts:** festivals and traditional celebrations in France and Guadeloupe
- **Grammar:** using different tenses; past historic
  Language learning: doing an oral presentation, revising for an end-of-year test
- **Pronunciation:** understanding colloquial French
- **Cultural focus:** French festivals, Guadeloupe

LIRE 1a Connais-tu ces fêtes? Relie les noms aux photos.
1 Le Premier avril
2 L'Aïd-el-Fitr
3 Noël
4 Le Nouvel An
5 La fête des Rois
6 Pâques
7 La fête des Mères

ÉCOUTER 1b Écoute et vérifie.

ÉCOUTER LIRE 1c Réécoute et regarde les expressions a–g. Qu'est-ce qu'on dit pour chaque fête?
Exemple **1 f**

a Joyeux Noël!
b **Vive le roi, vive la reine!**
c Bonne fête, maman!
d Joyeuses Pâques!
e Bonne année!
f **Poisson d'avril!**
g **Aïd Mubarak!***

*en arabe:
aïd – festival
mubarak – blessed

PARLER 1d Ping-pong: **A** dit une date, **B** donne vite la bonne expression.

ÉCRIRE PARLER 1e Fais une liste des fêtes que tu célèbres. Explique à un(e) partenaire.

25 décembre

B
1er janvier

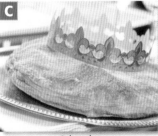
6 janvier

mars/avril

1er avril

mai

fin du Ramadan

6.1 Marie, en Guadeloupe

- Find out about Marie Césarin and where she is from
- Discuss reasons for learning a language

À vos marques

a Lis la fiche et écris six questions sur cette fille.

Exemple Elle habite où? Comment sont ses cheveux? etc.

b Teste la mémoire de ton/ta partenaire!

1a Écoute Marie. Note les détails qui ne sont pas sur sa fiche:
4 détails = Bien! 5–7 = Super!
8+ = Excellent!

Exemple Elle habite une vieille maison (de l'époque coloniale.)

1b Présente Marie à ton/ta partenaire avec le plus possible de détails. Il/Elle vérifie.

Exemple Elle s'appelle Marie Césarin. Elle a 17 ans. Elle est née …

2 Écoute Marie et lis sa bulle. Réponds en anglais.

a Are there many non-Creole speakers in Guadeloupe? Who are they?

b Where is Creole spoken mostly?

c What does Marie think about Guadeloupeans who think French is "better" than Creole?

d Why do you think they may think that? What is your feeling on this?

e What does Marie say English is useful for?

3 Lis la fiche sur la Guadeloupe (page 87). Écris six questions. Échange avec un(e) partenaire.

Exemple Quelle est la capitale de le Guadeloupe ?
C'est quoi, le carême ?

Nom:	Césarin
Prénom:	Marie
Âge:	17 ans
Anniversaire:	18 avril
Domicile:	25 rue Félix Éboué, 97159 Pointe-à-Pitre
Famille:	père décédé*, mère remariée, deux sœurs, un demi-frère
Passe-temps:	cuisine, musique, cinéma
Fêtes et traditions préférées:	toutes les fêtes, surtout la Fête des Cuisinières
Ambition:	devenir chef dans un grand restaurant
Langue(s) parlée(s):	français, créole, anglais

décédé – deceased

Marie

Sa kay? Pa ni pwoblèm! En créole, ça veut dire: "Ça va? Pas de problème!" Ici, tout le monde parle créole: à la maison, à l'école et dans la rue. Mais on parle aussi tous français parce que les leçons sont en français et les situations officielles aussi. Seuls les Métros (les gens qui viennent de France) ne parlent pas créole, mais ils sont moins de 2%. Beaucoup de Guadeloupéens pensent que le créole, c'est moins bien que le français, que c'est vulgaire. Je ne suis pas d'accord. C'est notre langue, il faut continuer à la parler. Heureusement, il y a les radios locales en créole! Moi, je parle aussi anglais. C'est utile parce qu'il y a des touristes américains ici et puis, comme ça, je peux comprendre mes chansons et mes films américains préférés!

La Fête des Cuisinières

Sainte-Anne

La Réserve Cousteau sur Basse-Terre

Les spécialités créoles

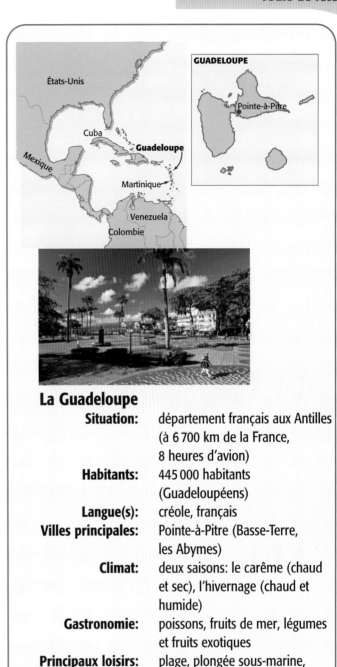

La Guadeloupe

Situation:	département français aux Antilles (à 6 700 km de la France, 8 heures d'avion)
Habitants:	445 000 habitants (Guadeloupéens)
Langue(s):	créole, français
Villes principales:	Pointe-à-Pitre (Basse-Terre, les Abymes)
Climat:	deux saisons: le carême (chaud et sec), l'hivernage (chaud et humide)
Gastronomie:	poissons, fruits de mer, légumes et fruits exotiques
Principaux loisirs:	plage, plongée sous-marine, randonnées, cyclisme
Fêtes principales:	Carnaval, Noël, Toussaint

4a Lis la fiche. Relie les légendes a–d aux bonnes photos.

a   Des plats créoles typiques, à base de riz, de poulet, de poisson et de fruits de mer.

b   Les Cordons Bleus* se retrouvent à Pointe-à-Pitre en août

c   Un paradis pour la plongée sous-marine

d   Une des plus belles plages de l'île

* top-class cooks

4b Écoute Marie et vérifie.

4c Réécoute Marie. Quelles sont ses deux choses préférées? Pourquoi?

Challenge!

A Décris trois choses à faire ou à voir dans ta région et dis pourquoi.

B Explique comment on sait que Marie aime bien manger!

C Fais des recherches Internet sur la Guadeloupe et écris un texte (100 mots).

- Describe a traditional celebration
- Say how you feel about festivals and traditions
- Understand colloquial French

À vos marques

a Lis les mots à droite et fais deux listes. Positif 😃 ou négatif 😞 ?

b Continue les listes. Qui a la liste la plus longue? (Trouve des idées dans les quatre textes ci-dessous ou dans un dictionnaire.)

sympa	nul	intéressant
pénible	cool	ennuyeux

Nicolas: À Noël, toute la famille va chez mes grands-parents pour les Chanté Nwèl[1]. <u>Tout d'abord</u>, on mange le jambon de Noël, on boit du sirop de groseille[2] et du schrubb[3]! <u>Après</u>, on discute et on se donne les cadeaux <u>avant d'</u>aller danser et s'amuser dans les rues ou sur la plage. Noël, c'est une bonne occasion de se retrouver tous en famille <u>et</u> moi, je trouve ça très sympa.

> 1 chants de Noël traditionnels guadeloupéens
> 2 boisson sucrée aux fruits
> 3 liqueur de rhum et d'orange

Julien: La Toussaint[1], c'est très important ici: le soir, les gens vont au cimetière pour mettre des fleurs et des bougies sur les tombes. Après ça, ils achètent des bokits[2] et des sorbets-coco[3], ils mangent, ils boivent, ils parlent des morts, ils écoutent les vieux parler du passé. Les gens ne sont pas tristes; au contraire, c'est la fête! Mais moi, je trouve ça ringard[4] et ça m'ennuie!

> 1 le 1er novembre
> 2 "hamburgers" créoles
> 3 glaces à la noix de coco
> 4 nul et démodé

Marie: La grande fête sportive préférée des Guadeloupéens, c'est le Tour cycliste de Guadeloupe en août. Ça passionne les gens et <u>surtout</u>, comme toujours ici, c'est une bonne occasion de faire la fête! On mange des acras, on boit du punch <u>et</u> on danse sur le bord des routes! C'est sympa, <u>mais</u> moi, ça ne m'intéresse pas de regarder passer des vélos! <u>Par contre</u>, j'adore aller aux fêtes de musique comme le Festival de Gwo Ka, la musique traditionnelle d'ici.

Estelle: La fête la plus spectaculaire de Guadeloupe, c'est le Carnaval, qui dure plusieurs jours en février quand tout le monde se déguise et défile dans les rues avec les chars[1]. On fait de la musique, on chante et on danse comme des fous! C'est super sympa. On mange des beignets et on boit du punch[2]. Pour moi, ça fait du bien parce qu'on s'éclate[3] vraiment et on oublie un peu nos soucis!

> 1 véhicules décorés
> 2 boisson à base de rhum
> 3 on s'amuse beaucoup

1a Lis les textes, page 88. Qui aime la fête dont il/elle parle?

1b Complète les Expressions-clés avec les mots/phrases qui expriment une opinion.

Exemple   positive: C'est une bonne occasion de se retrouver tous en famille
négative: Je trouve ça ringard

■ ■ **Expressions-clés** ■ ■ ■ ■ ■ ■ ■ ■ ■ ■ ■ ■ ■ ■

   c'est une bonne occasion de + (*verbe*)
je trouve ça + (*adjectif positif*)

   ça ne m'intéresse pas de + (*verbe*)
je trouve ça + (*adjectif négatif*)

NB: voir aussi unité 1, page 13

2a À ton avis, on a posé quelles questions aux jeunes? Écris-les.

Exemple   Nicolas, qu'est-ce que tu fais à Noël?

2b Pose les questions à ton/ta partenaire, qui répond pour les jeunes. Changez de rôle.
Exemple
A: Nicolas, qu'est-ce que tu fais à Noël?
B: À Noël, toute la famille se retrouve … etc.
A: Qu'est-ce que tu manges? etc.

3a Traduis en anglais les mots soulignés dans les textes de Nicolas et Marie, page 88.

3b Fais la liste de tous les connecteurs, page 88, et de leur équivalent en anglais.

4 A pose les questions de l'activité 2a sur une fête de votre pays. B répond et marque un point par expression d'opinion utilisée et un point par connecteur! Changez de rôle.

Ça se dit comme ça!

Colloquial French

1 Listen to extracts from the interviews with Nicolas, Marie and Julien. Who do you think is:
a speaking to a friend?
b speaking more formally, to a journalist? How can you tell?

2a Match up these colloquial expressions to the correct "written" version.
Example   **1 d**

1	y a	**a**	oui
2	chépa	**b**	je n'aime pas
3	t'aimes	**c**	les gens, ils
4	ouais	**d**	il y a
5	les gens, i'	**e**	je trouve ça
6	i' sont pas	**f**	tu y vas
7	t'y vas	**g**	et puis
8	j'aim' pas	**h**	tu aimes
9	é pi	**i**	je ne sais pas
10	j'trouv'ça	**j**	ils ne sont pas

2b Listen again. Who says the expressions: Nicolas (N), Marie (M) or Julien (J)?

Et toi, ton opinion sur les fêtes?

D'accord, merci!

Ben moi, euh … chépa … bof, je … … … pfff …. c'est …. bon, ben … oui, quoi, hein!

Challenge!

A Choisis un jeune, page 88. Imagine et écris sa conversation avec l'interviewer.

B Décris une fête que tu célèbres et donne ton opinion en 50 mots exactement.

C Explique les différences et les similarités entre les fêtes guadeloupéennes, page 88, et les fêtes de ton pays.
Exemple   Chez nous, à Noël, on … Par contre, en Guadeloupe, on …
En Guadeloupe, la grande fête sportive, c'est … en …
Chez moi, la fête sportive préférée, c'est … en …

6.3 Une fête d'enfer!

- Describe a recent celebration
- Do an oral presentation

À vos marques

Avec un(e) partenaire, utilise les mots de la boîte dans une phrase et marque des points:
1 point par mot, 2 points par temps différent.
Comparez avec d'autres paires!

Exemple

Je vais à la plage avec mes grands-parents.
= 10 points

Mes grands-parents ont cuisiné le repas et ils vont aller à la fête. = 17 points

> grands-parents   repas   plage   fête
> musique   cuisiner

Marie a fêté Pâques à la plage

1 Je suis allée à une fête d'enfer¹ en mars dernier! C'était le week-end de Pâques. La fête a duré trois jours, du samedi matin au lundi soir.

2 On était nombreux: il y avait ma mère, mon beau-père, mes grands-parents, des oncles, des tantes et plein de cousins! Des amis sont venus aussi.

3 On est allés à la plage, comme c'est la tradition en Guadeloupe. On a installé des tentes et on a campé deux nuits sur la plage de Sainte-Anne. C'était vraiment chouette!

4 On a fait de la musique, on a chanté et dansé, on s'est baignés² et on a beaucoup parlé. Les enfants ont fait un concours de châteaux de sable³. Et bien sûr, on a mangé!

5 Le lundi midi, on a mis des tables sur la plage, on a sorti les réchauds⁴, les casseroles, les verres, les assiettes, etc. et on a fait le grand repas traditionnel de Pâques: il y avait le matété, qui est le plat de crabes traditionnel à Pâques, du riz créole et des gâteaux à la noix de coco. C'est ma grand-mère qui a tout préparé parce qu'elle cuisine super bien. J'aimerais bien cuisiner comme elle! Tout était vraiment délicieux et en plus, nous, les Guadeloupéens, on est très gourmands⁵!

6 Le lundi soir, on est rentrés chez nous: on était fatigués, mais on a tous trouvé la fête super! C'était une bonne occasion de revoir toute la famille. L'année prochaine, je vais préparer le matété!

1 really good
2 we swam
3 sandcastle competition
4 gas cookers
5 we love eating

1 Lis le texte (page 90). Numérote les questions dans l'ordre des paragraphes.
Exemple **1 a**

  a C'était quelle fête? C'était quand?

  b C'était où?

  c Qu'est-ce qu'il y avait à manger?

  d Qu'est-ce que vous avez fait?

  e Qui était là?

  f C'était comment?

2 Trouve les mots-clés de chaque paragraphe et imagine le diagramme du texte de Marie.
Exemple

quand? 3 jours en mars — Pâques — où? Plage …

3 Recopie les mots et expressions du texte qui sont utiles pour parler d'une autre fête.
Exemple   Je suis allé(e) à une fête.
                C'était le …;
                La fête a duré …;
                il y avait … etc.

4a Écoute Lénaïc présenter une fête et réponds aux questions de l'activité 1.

4b Réécoute et fais l'activité 2 pour la présentation de Lénaïc.

4c Écoute une dernière fois et note les mots utiles (activité 3).

5a Pose les questions de l'activité 1 à ton/ta partenaire sur une fête récente. Changez de rôle.

5b Faites chacun un mini-exposé sur cette fête. Regardez Guide pratique.

Guide pratique

Doing a presentation

A Start with a list of questions to answer or a topic (see activity 1).

B Note key words on a card, e.g.

> 1 <u>quelle fête?</u> Noël
> 2 <u>quand?</u> 25 décembre
> 3 <u>où?</u> chez mes grands-parents

C Practise expanding your notes into full sentences, speaking aloud, adding in as much detail as you can (see activity 3).

> *L'année dernière, je suis allée à une fête très sympa. C'était à Noël, le 25 décembre. etc.*

D Rehearse your presentation several times – in front of a mirror, or with a partner if possible.

E Speak slowly, clearly and confidently, using your notes to remind you of what you want to say. Try to look at the audience and not keep your eyes on the cards.

Challenge!

Fais un exposé: présente une fête de ton choix.
Lis Guide pratique et suis les instructions.

A Parle une minute.

B Parle deux minutes.

C Parle trois minutes ou plus.

6.4 Grammaire encore

● Using different tenses

Q How can I make sure I'm using the right tense?
A Think of when the action takes place, then decide which tense fits best.

1a Match the sentences in English to their translation in French.

1 *During the holidays, I go to the beach every day but I don't always go swimming.*

2 *When I was on holiday, I went to the beach every day but I didn't always go swimming.*

3 *When I was little, I used to go to the beach every day but I didn't always go swimming.*

4 *This week, I'm going to go to the beach every day but I'm not always going to go swimming.*

5 *Next summer, I'll go to the beach every day but I won't always go swimming.*

6 *I'd love to go to the beach every day but I wouldn't always go swimming.*

a Quand j'étais petit, j'allais à la plage tous les jours, mais je ne nageais pas toujours.

b L'été prochain, j'irai à la plage tous les jours, mais je ne nagerai pas toujours.

c Pendant les vacances, je vais à la plage tous les jours, mais je ne nage pas toujours.

d Pendant mes vacances, je suis allée à la plage tous les jours, mais je n'ai pas toujours nagé.

e J'aimerais bien aller à la plage tous les jours, mais je ne nagerais pas toujours.

f Cette semaine, je vais aller à la plage tous les jours, mais je ne vais pas toujours nager.

1b Which tense is used in each French sentence?
Example a imperfect

present: happens now	**future with <u>aller</u> + infinitive:** will happen soon
perfect: has happened	**future:** will happen at some point
imperfect: used to happen	**conditional:** would/might happen

2 Check you know what French tenses correspond to in English.
Fill in the verbs in the correct tense in the English sentences.
Example a comes

a Mon beau-père <u>vient</u> de Paris.   *My step-father *** from Paris.*

b Il <u>est venu</u> en Guadeloupe après son divorce.   *He *** to Guadeloupe after his divorce.*

c Avant, il <u>habitait</u> seul.   *Before, he *** alone.*

d Un jour, il <u>a rencontré</u> Maman.   *One day, he *** Mum.*

e Il <u>venait</u> la voir tous les dimanches.   *He *** to see her every Sunday.*

f Maintenant, il <u>habite</u> avec nous!   *Now, he *** with us!*

3 Try writing these sentences in French. Mind the tenses!
a Mum and Patrick <u>work</u> in a *lycée*.
b Before, Patrick <u>used to work</u> in a *lycée* in Basse-Terre.
c He's <u>going to work</u> in the USA for* a month. (*pendant)
d He <u>plays</u> the guitar.
e He <u>is playing</u> in the school concert tonight.
f Once* in Paris, he <u>played</u> with a famous band!*
(**un jour / un groupe célèbre*)

➡ 146–150

Patrick, le beau-père de Marie

6.4 *Grammaire en plus*

● Using different tenses in complex sentences

Q Can there be several tenses in the same sentence?

A Yes, if the sentence is describing actions happening at different times.

1 Explain in English the tenses of the underlined verbs in the cartoon on the right and why they are being used.

Je vais dire à maman que tu n'as pas mangé ton antilope, ce matin! Elle ne sera pas contente parce que l'antilope, c'est bon pour la santé.

2 Choose the verbs in the correct tense in the joke below.

La semaine dernière, Étienne *est parti / partait* en vacances. Il *va demander / a demandé* à son voisin s'il *a pu / pouvait* s'occuper de sa vieille grand-mère et de son chat pendant son absence. Hier, Étienne *téléphonait / a téléphoné* au voisin.

– Allô, ici c'est Étienne. Ça va?

– Euh … ton chat est mort!

– Oh non! Quel choc! Mon cœur! Tu es beaucoup trop brutal!

– Ah?

– Dis par exemple: "Ton chat *marchait / a marché* sur le toit quand il *glissait / a glissé*. Il *tombait / est tombé*, et personne *n'a pu / ne va pouvoir* le rattraper." C'est moins brutal!

– D'accord.

– Et ma grand-mère, ça va?

– Eh bien …Ta grand-mère, elle *marchait / a marché* sur le toit quand elle *glissait / a glissé* …

J'ai déjà expliqué à maman que je n'aime pas la viande mais elle ne m'écoute pas. Je vais lui dire que je suis végétarien! Après tout, ce n'est pas de ma faute si je suis né comme ça! Je ne mangerai jamais de viande, voilà.

3 Fill in these "excuses" with the verbs in brackets in the correct tense.

Je n'ai pas fait mes devoirs hier soir parce que …

a je n'*** pas en forme   (être)

b mon ordinateur ne *** pas (marcher)

c je *** les devoirs! (détester)

d je *** regarder la télé (préférer)

e j'*** mon livre à l'école (oublier)

f je *** les *** demain soir (faire)

4 Look at Marie's text on page 90. Rewrite it using the future tense. Remember, you will need to change the time phrases.

Example 1 J'irai à une fête d'enfer en mars <u>prochain</u>! Ce sera le week-end de Pâques. La fête durera trois jours, du samedi matin au lundi soir.

➡ 146–150

● Revising for the end-of-year test

N'attends pas la dernière minute!

● **Make the most of your textbook**

1 Where do you look to do the following?
Example **a 6, 8**
a confirm the meaning of a word
b check a grammatical rule
c check you've covered all the objectives
d review tips on how to do certain things
e check a point of pronunciation
f check the gender of nouns

1 *Podium*
2 *Zoom grammaire*
3 *Grammaire* section at the end of the Students' Book
4 *Mots-clés* and *Expressions-clés*
5 *Guide pratique*
6 *Vocabulaire* page
7 *Ça se dit comme ça!*
8 *Glossaire*
9 your notes in your book/file

● **Decide the best time for revising**

2 Match the English to the French.
a le soir après les autres devoirs
b trois heures le soir avant le contrôle
c cinq ou six minutes tous les jours
d le matin, après un bon petit déjeuner
e entre les révisions de maths et de sciences
f l'après-midi
g tard le soir quand tout est calme

3 Which is the best time to revise? List a-g in activity 2 under two headings: good times and bad times.

1 between revising maths and science

2 five or six minutes every day

3 in the afternoon

4 in the evening after your other homework

5 in the morning, after a good breakfast

6 late in the evening when everything is quiet

7 three hours the evening before the test

● Practise learning

4 Match each of the pictures 1–4 with one of the suggestions a–i.

a 👁 ✋ écrire plusieurs fois la même chose

b 👁 ✋ écrire des notes et les coller dans la maison!

c 👁 ✋ illustrer tes notes, faire des diagrammes

d 👂 enregistrer et écouter les mots, expressions, textes, dialogues, etc

e 👂 réviser oralement avec un(e) partenaire

f 👂 inventer des rythmes/des raps

g 👁 ✋ écrire des notes sur des mini-flashcards et les manipuler

h 👂 ✋ penser au français quand tu marches

i ✋ inventer des mimes quand tu apprends

5 How do you learn best? Grade the suggestions in activity 4.
3 = super, 2 = OK, 1 = pas vraiment.

> Tu apprends mieux:
> Plus de 👁 = avec les yeux
> Plus de 👂 = avec les oreilles
> Plus de ✋ = avec les gestes

6 Use your favourite method(s) from activity 4 to learn one of the following by heart:
a 20 words and expressions from the Vocabulary lists on p. 97
b one of the four texts on page 88
c one of your own texts

On s'éclate!

⑥ Super-challenge!

 1 Avant de lire le texte, devine l'ordre d'arrivée en Guadeloupe des différents peuples. Lis et vérifie.

a les Français
b les Africains
c les Indiens d'Amérique du Sud
d les Espagnols
e les Chinois, Japonais, Italiens, etc.
f les Indiens caraïbes

 2 Réponds aux questions.

a Qu'est-ce qui a fait partir les Arawaks?
b Qu'est-ce qui a fait partir les Espagnols?
c Comment les Caraïbes ont-ils disparu?
d Pourquoi a-t-on fait venir des Africains?
e Pourquoi Schoelcher est-il un héros en Guadeloupe?
f Pourquoi la culture créole est-elle si riche?

Zoom grammaire: *le passé simple (past historic)*

- This tense is the equivalent of the perfect tense but is only used in formal writing, e.g. in newspapers, reports and books. It is not used when speaking.

1 Can you spot the past historic forms of the following verbs in the text?

ils + arriver/massacrer/appeler/décider/exterminer/commencer/rester/se mélanger
il + arriver/appeler/créer

- Typical endings for third persons are:
il/elle/on = -a   **ils/elles** = -èrent

2 Can you spot the French verbs (which do not follow the pattern above) for:

a it became   **b** it was   **c** they were
➡ 150

Qui sont les Guadeloupéens?

Les premiers habitants de l'île étaient des Indiens d'Amérique du Sud, les Arawaks. Au 7ème siècle, les Indiens caraïbes arrivèrent sur l'île. Ces guerriers[1] très violents massacrèrent les Arawaks. Ils appelèrent l'île *Karukera*, "l'île aux belles eaux".

L'explorateur Christophe Colomb arriva en 1493. Il appela l'île *Santa Maria de Guadalupe de Estremadura* et elle devint espagnole. Les Indiens caraïbes furent très violents contre les Espagnols, qui décidèrent de quitter l'île.

Vers 1635, les premiers Français arrivèrent, de Bretagne ou Normandie, pour cultiver le tabac et la canne à sucre. Ils exterminèrent les Caraïbes, par les fusils[2], mais aussi l'alcool et les maladies. En 1674, l'île devint officiellement une colonie française et s'appela la Guadeloupe.

Les riches planteurs[3] blancs avaient besoin de plus en plus d'ouvriers[4] pour travailler dans les plantations. Les premiers esclaves commencèrent à arriver d'Afrique noire. Ils voyageaient dans des conditions atroces et beaucoup mouraient[5] sur les bateaux. Sur l'île, ils vivaient dans des conditions inhumaines. Un homme politique français, Victor Schoelcher, créa la "Société abolitionniste" pour abolir l'esclavage[6]. Il fut enfin aboli en 1848. Schoelcher devint un héros de l'histoire guadeloupéenne.

Après l'abolition de l'esclavage, il y avait besoin d'ouvriers. Des immigrants arrivèrent d'Inde (les "coolies"), mais aussi de Chine, du Japon, d'Italie et d'autres pays, pour venir travailler en Guadeloupe pendant cinq ans. Beaucoup restèrent sur l'île pour de bon[7]. Les différents peuples, langues et traditions se mélangèrent[8] pour créer la culture créole.

1	warriors
2	guns
3	plantation owners
4	workers
5	died
6	to abolish slavery
7	for good
8	mixed

6 Vocabulaire

Jours de fête	Festivals
le Premier avril	April Fool's Day
Poisson d'avril!	April Fool!
Noël	Christmas
Joyeux Noël!	Merry Christmas!
le Nouvel An	New Year's Day
Bonne année!	Happy New Year!
la fête des Rois	Epiphany
Vive le roi/la reine!	Long live the king/queen!
Pâques	Easter
Joyeuses Pâques!	Happy Easter!
la fête des mères	Mother's Day
Bonne fête, maman!	Happy Mother's Day!
l'Aïd-el-Fitr	Eid-el-fitr

Donner son opinion	Say what you think
c'est une bonne occasion de (se retrouver)	it's a good opportunity to (get together)
ça ne m'intéresse pas de …	I have no interest in …
ça fait du bien de …	It's good to …
on s'éclate	we have a whale of a time
on oublie nos soucis	we forget our worries
ça m'ennuie	it bores me
ça passionne les gens	people are fascinated
je trouve ça …	I find it …
super sympa/cool	really nice/cool
ringard/ennuyeux/pénible	tacky/boring/a drag

Décrire une fête	Describe a celebration
on mange/on boit	we eat/we drink
on discute	we talk
on se donne les cadeaux	we exchange presents
on se retrouve en famille	the family gets together
on chante/on danse/on s'amuse	we sing/we dance/we have fun
on fait la fête	we party
on se déguise/on défile	we dress up/we go on a parade
on fait de la musique	we play music

Parler d'une fête récente	Talk about a recent celebration
C'était quelle fête?	Which special occasion was it?
C'était Pâques/mon anniversaire.	It was Easter/my birthday.
C'était quand?	When was it?
C'était le week-end de Pâques/le 20 mai.	It was Easter weekend/the 20th of May.
La fête a duré deux jours.	The party went on for two days.
C'était où?	Where was it?
C'était chez moi.	It was at my home.
Qui était là?	Who was there?
On était nombreux.	There were lots of people.
Il y avait toute la famille.	The whole family was there.
Qu'est-ce que vous avez fait?	What did you do?
On a mangé, on a bu ….	We ate, we drank …
On est allés … /On a fait …	We went …/We did …
Qu'est-ce qu'il y avait à manger?	What sort of food was there?
Il y avait un plat traditionnel.	There was a traditional dish.
C'était comment?	What was it like?
C'était vraiment chouette!	It was really great!
On était fatigués!	We were exhausted!

6 Podium

I know how to:

⭐ understand reasons for speaking a language: C'est utile parce qu'il y a beaucoup de touristes américains ici et je peux comprendre mes chansons et mes films américains préférés!

⭐ describe a traditional celebration: À Noël, toute la famille va chez mes grands-parents … Tout d'abord, on mange le jambon de Noël et on boit …! Après, on discute et on se donne les cadeaux.

⭐ say how I feel about festivals and traditions: Noël, c'est une bonne occasion de se retrouver tous en famille. / Ça ne m'intéresse pas. Moi, je trouve ça ringard!

⭐ describe a recent celebration: Je suis allée à une fête en mars dernier! C'était le week-end de Pâques. On était nombreux: il y avait ma mère, mon beau-père, etc. On est allés à la plage. On a fait de la musique. C'était une bonne occasion de revoir toute la famille …

⭐ use different tenses: Mon beau-père vient de Paris. Il est venu en Guadeloupe après son divorce, etc.

⭐ use different tenses in complex sentences: Je vais dire à maman que tu n'as pas mangé ton antilope, ce matin! Elle ne sera pas contente parce que l'antilope, c'est bon pour la santé.

⭐ recognize the past historic: Christophe Colomb arriva en 1493. Il appela l'île "Santa Maria de Guadalupe".

⭐ do an oral presentation

⭐ revise for an end-of-year test

⭐ recognize some features of colloquial French: … y a du jambon; j'trouv' ça nul; j'aime pas ça

🏅 Research one of these three French celebrations and present it orally to the class: l'Épiphanie, Mardi Gras, la Chandeleur.
En France, on célèbre l'Épiphanie, la fête des Rois, 12 jours après Noël. On mange …

🏅 Research a French-speaking country or region. Present it to the rest of the class. Je vais vous présenter un département français d'Outre-Mer, qui s'appelle La Réunion. C'est une île …

🏅 Imagine you are on a panel asked to create a new bank holiday for your country. Which day would you choose? Why? What would it celebrate? Make your case for it as persuasive as you can. (Use different tenses.) The class will vote on it. Comme jour férié, j'ai choisi … parce que ce jour-là, il s'est passé un événement important. C'était …; C'est une date importante parce que …; Dans l'avenir, on devra …

5-6 Révisions

➤ **Regarde d'abord les pages 71–98.**

1a Lis les questions et prépare tes réponses.

1b Interviewe ton/ta partenaire.

> Tu aimes aller au collège?
> Pourquoi?
> Tu es fort(e) en français?
> Tu t'entends bien avec tes profs?

2 Écris une règle pour chaque illustration.
Exemple **a** Il ne faut pas manger en classe.

3 Luc parle avec sa grand-mère. Écoute et choisis la bonne réponse.

1 La grand-mère de Luc aimait bien
   a l'école primaire.
   b le collège.
2 À l'école primaire, elle apprenait à écrire et
   a à lire.
   b à compter.
3 Dans son école primaire, il n'y avait pas
   a d'arbres.
   b d'ordinateurs.
4 Elle avait beaucoup de devoirs
   a en français et en maths.
   b en anglais et en maths.

5 Quand la grand-mère de Luc s'est mariée, elle avait
   a 24 ans.
   b 26 ans.
6 Pour le mariage, ils ont fait une fête dans
   a un restaurant.
   b un hôtel.
7 Ils ont mangé, ils ont parlé, ils ont
   a regardé la télé
   b dansé
   et ils ont
   c bu du champagne.
   d mangé des sandwichs.

Les fêtes d'anniversaire

Pour mes 60 ans j'ai fait une fête de famille! C'était le mardi 20 juillet et c'était fantastique. On était nombreux, près de trente personnes, y compris une dizaine d'enfants. La fête a duré toute la journée avec un grand repas à midi. C'était vraiment génial! On a mangé des fruits de mer, du poulet avec du riz et de la salade. Il y avait plein de desserts délicieux: gâteau, tarte aux pommes, crème caramel et glaces. Super! On a bu du champagne bien sûr, et de la limonade pour les enfants. Le soir, j'étais vraiment fatiguée, mais c'était une très belle fête d'anniversaire. L'année prochaine, je vais inviter toute la famille au théâtre. Ça va être génial!

Mathilde 60 ans

> une dizaine de – about ten

Le trois août, c'était mon anniversaire. J'ai fait une fête super cool avec trois copains. La fête a duré tout le week-end parce qu'on a fait du camping dans le grand jardin de mon oncle. Il faisait beau – quelle chance! On a joué au foot, on est allés à la pêche et on a beaucoup discuté. Le soir, on a essayé de faire des omelettes sur le camping-gaz, mais c'était trop difficile, et on a décidé d'aller au MacDo en ville! À minuit, sous la tente, on a mangé du gâteau au chocolat pour fêter mon anniversaire. On s'est bien amusés! C'était vraiment super sympa! L'année prochaine, on va peut-être passer un week-end dans une auberge de jeunesse à Paris! On va bien s'amuser!

Jérémy 16 ans

4a Lis les textes. Qui a mangé ça?

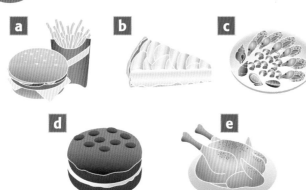

4b Qui a fait la fête …
a en famille?
b à la maison?
c le week-end?
d en plein air?
e avec trois personnes?

5a Écoute trois personnes qui parlent de leur fête d'anniversaire. Prends des notes et compare avec un(e) partenaire. Quand? Où? Qui? Activités? Repas? Comment? L'année prochaine?
Exemple **1** 20 mai, à la maison …

5b Réécoute et note les questions.

5c Interviewe ton/ta partenaire sur une fête d'anniversaire (réelle ou imaginaire).

5d Imagine une fête d'anniversaire idéale. Raconte.
Exemple J'ai passé un week-end à Disneyland avec dix copains! C'était … On a …

6a Choisis l'imparfait ou le passé composé pour compléter le texte.

Quand *j'étais / j'ai été* petit, ma famille est *allée / allait* en France tous les étés. On a *fait / faisait* du camping en Bretagne, souvent près de la plage. *Je nageais / J'ai nagé*, je jouais / j'ai joué sur la plage, *je faisais / j'ai fait* du vélo – c'était amusant!

L' année de mes huit ans, on *visitait / a visité* Paris pendant un week-end. On a *trouvé / trouvait* un petit hôtel pas trop cher. On a *passé / passait* une journée à Disneyland. C'était super! Après la journée à Disneyland, je *rentrais / suis rentré* à l'hôtel très fatigué, mais très content aussi!

6b Recopie et complète le texte avec le présent ou le futur.

En ce moment, je ❶ (*être*) en vacances en Australie avec ma famille. J'❷ (*aimer*) passer la journée à la plage, parce qu'il ❸ (*faire*) beau tous les jours. On ❹ (*s'amuser*) beaucoup et on ❺ (*aller*) en ville tous les soirs. L'année prochaine, ça ❻ (*être*) très différent, parce qu'on ❼ (*faire*) du camping en Angleterre! Je ❽ (*faire*) du vélo et je ❾ (*jouer*) au football. J'espère qu'il ❿ (*faire*) beau!

6c Recopie et complète le texte avec la bonne forme des verbes entre parenthèses (présent, passé, futur).

Quand j'❶ (*être*) petite, on ❷ (*passer*) les vacances chez mes grands-parents à la campagne, mais maintenant je ❸ (*préférer*) partir avec mes amis. L'année dernière, on ❹ (*aller*) à Paris pour voir tous les endroits touristiques. J'❺ (*aimer*) la Tour Eiffel, mais j'❻ (*être*) fatiguée quand je suis arrivée au sommet! Cette année, nous ❼ (*avoir*) un problème, parce que moi, je ❽ (*vouloir*) aller en Espagne, et ma copine ❾ (*préférer*) aller en Italie! Peut-être que je ❿ (*partir*) sans ma copine! Je ⓫ (*visiter*) Barcelone et je ⓬ (*passer*) une semaine à la plage parce que j'⓭ (*adorer*) bronzer!

1 Encore

LIRE 1 Qui dit quoi? Relie les bulles aux dessins.
Who says what? Match the bubbles to the pictures.

1 Je suis fille unique.

2 Je suis fils unique.

3 J'ai deux frères et une demi-sœur.

4 Dans ma famille, il y a mon père, ma belle-mère, ma demi-sœur et moi.

5 Mes parents ont divorcé. Ma mère s'est remariée. J'ai un beau-père qui a un fils et deux filles.

6 Mes parents ont divorcé. J'habite chez ma mère avec ma sœur et mon frère.

LIRE 2a Regarde l'arbre. Relie les questions aux bonnes réponses.
Look at this family tree. Then match the questions and answers.

1 Tu t'entends bien avec ta mère?
2 Avec ton père, ça va?
3 C'est sympa avec ton beau-père?
4 Ta belle-mère te comprend?
5 Ta sœur est cool?
6 Tes demi-frères sont pénibles?

a Non, avec lui, ça ne va pas.
b Ah non, elle est pénible!
c Oui, c'est très sympa avec lui.
d Non! Ils sont cool!
e Non, elle ne me comprend pas.
f Oui, je m'entends bien avec elle.

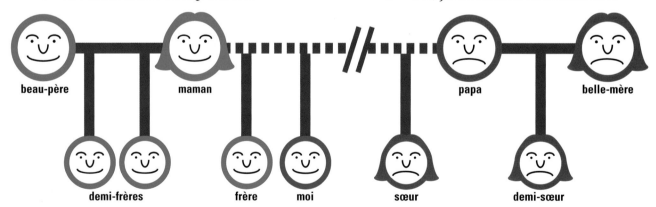

PARLER 2b Pose d'autres questions. Ton/Ta partenaire répond.
Ask your partner some questions.
Exemple
A: Tu t'entends bien avec ton frère?
B: Oui, je m'entends bien avec lui.

3a Relie les phrases (a–l) aux dessins à droite (1–12).

Match each phrase (a–l) to a symbol (1–12).

a   téléphoner ou envoyer un SMS quand tu sors
b   aller à toutes les fêtes de famille
c   aider à la maison
d   t'occuper de ton petit frère/ta petite sœur
e   ranger ta chambre le week-end
f   dépenser ton argent de poche comme tu veux
g   sortir le soir avec des copains
h   regarder la télé quand tu veux
i   surfer sur Internet
j   faire tes devoirs après l'école
k   téléphoner aux copains
l   t'habiller comme tu veux

3b Regardez les dessins à droite. Inventez des conversations comme dans l'exemple, puis changez de rôle.

Look at the pictures. Invent conversations with your partner as shown in the example. Change roles.

Exemple

A: Tu dois faire tes devoirs après l'école?
B: Non, je n'ai pas besoin de faire mes devoirs après l'école.
    Tu peux téléphoner à tes copains?
A: Oui, je peux téléphoner à mes copains.

4a Écoute Ludovic et complète les phrases pour lui avec les mots de la boîte.

Listen to Ludovic and complete the sentences on the right with the correct expressions for him.

je peux	je n'ai pas le droit de/d'
je dois	je n'ai pas besoin de/d'

4b Recopie et complète avec le bon verbe pour faire des phrases vraies pour toi.

Copy and fill in the sentences with the appropriate verbs to make them true for you.

Tu dois …?

Tu peux …?

a   … écouter ma musique le soir.
b   … aller au cinéma le lundi soir.
c   … jouer à la PlayStation quand je veux.
d   … aller voir mes grands-parents le dimanche.
e   … manger devant la télé le matin.
f   … aider à la maison.

Nathalie

J'ai dix euros par semaine. Avec mon argent de poche, j'achète des magazines et du chewing-gum et je sors avec mes copains.

Karima

Je n'ai pas d'argent de poche, mais mes parents achètent mes vêtements et des choses pour le collège. Je fais du baby-sitting pour gagner de l'argent. J'achète des boissons et je vais au cinéma.

Antoine

J'ai quarante-cinq euros par mois. Normalement, j'achète des CD, je sors avec des copains et je mets de l'argent de côté pour acheter une nouvelle guitare.

Martin

Je n'ai pas d'argent de poche, mais j'ai un petit boulot au marché. Je mets de l'argent de côté pour faire un voyage à Nice.

 1a Lis et écoute. Qui parle?
Read and listen. Who's speaking?

 1b Relis. Ça se dit comment en français?
Read again. What is the French for:
a I get X euros a week.
b I buy magazines with my pocket money.
c I don't get pocket money.
d I babysit to earn money.
e I save some money.

 2 Lis les questions à droite. Écris les réponses dans le bon ordre.
Read the questions on the right. Write out the answers in the correct order.

A: Tu as de l'argent de poche?
A: Qu'est-ce que tu fais pour avoir de l'argent de poche?
A: Qu'est-ce que tu fais avec ton argent?
A: Tu mets de l'argent de côté?

B: Oui, j'ai six livres par semaine.
B: Oui, pour acheter un ordinateur.
B: J'achète des magazines et des CD.
B: Mes parents me donnent de l'argent.

une livre – a pound

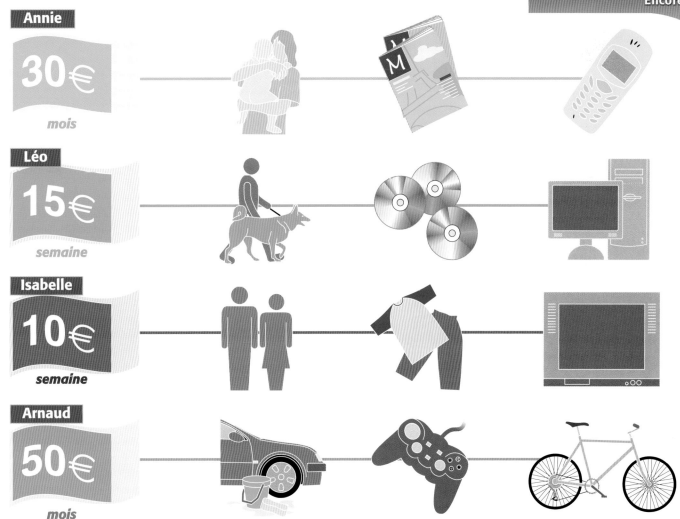

Annie 30€ *mois*

Léo 15€ *semaine*

Isabelle 10€ *semaine*

Arnaud 50€ *mois*

PARLER
3 Regarde les dessins et invente des conversations sur le modèle de l'activité 2.
Look at the pictures and make up conversations using activity 2 as a model.

Exemple
A: Tu as de l'argent de poche, Annie?
B: Oui, j'ai 30 euros par mois.
A: Qu'est-ce que tu fais pour avoir de l'argent de poche?
B: Je fais du baby-sitting.
A: Qu'est-ce que tu fais avec ton argent?
B: J'achète des magazines.
A: Tu mets de l'argent de côté?
B: Oui, pour acheter un portable.

ÉCRIRE
4 Réponds aux questions pour toi.
Write down your answers to the questions in activity 2.

Exemple J'ai six livres d'argent de poche par semaine. Avec mon argent de poche, j'achète …

ÉCRIRE
5 Recopie et complète les phrases avec la bonne négation pour correspondre à l'anglais.
Copy and complete the sentences below with the correct negatives to match their English translations.

pas **plus** **que** **rien** **jamais**

1 Je ne travaille *** le samedi.
I only work on Saturdays.
2 Elle n'a *** d'argent de poche.
She never gets any pocket money.
3 Il ne met *** de côté.
He doesn't save anything.
4 Je n'achète *** de bonbons.
I don't buy sweets any more.
5 Elle n'a *** de petit boulot.
She doesn't have a job.
6 Il ne fait *** de baby-sitting.
He never does any babysitting.

1 Patrick a fait bon voyage, mais pas Sandrine.
Recopie et complète le texte
a pour Patrick
b pour Sandrine
Patrick had a good journey but Sandrine didn't. Copy out the text, filling in the gaps with words from the box (a) for Patrick, (b) for Sandrine.

Le voyage était ❶ _____ et la mer était
❷ _____ . Pendant le voyage, j'ai lu un livre
❸ _____ et j'ai ❹ _____ .

> *intéressant   calme   ennuyeux*
> *eu un problème avec mon baladeur*
>
> *fatigant   agitée   super*
> *écouté mon baladeur*

2 Relie les problèmes aux solutions.
Match the problems with their solutions.

1 J'ai oublié mon réveil!
2 Je n'ai pas de dentifrice. Tu peux me prêter du dentifrice?
3 Je n'ai pas de parapluie.
4 J'ai oublié mon inhalateur!

a Oui, il y en a dans la salle de bains.
b Pas de problème! Je téléphone au médecin.
c Pas de problème! Voici un réveil pour toi.
d Voilà. Tu peux emprunter mon parapluie.

3a Regarde le menu. Qu'est-ce que tu aimes? Qu'est-ce que tu n'aimes pas?
Look at the menu. Note what you like and what you don't like.

J'aime …	Je n'aime pas …

la soupe à l'oignon
la salade de tomates

le poulet rôti
le saumon

la tarte aux pommes
la glace

3b Travaille avec ton/ta partenaire.

Ask your partner what he/she likes and answer his/her questions.

Exemple

A: Tu aimes la soupe à l'oignon?

B: Non, je n'aime pas la soupe à l'oignon.
Tu aimes le poulet rôti?

A: Oui, j'aime le poulet rôti.

> Tu aimes ...?
> Oui, j'aime ...
> Non, je n'aime pas ...

 4a Recopie et complete les bulles.

Copy out the bubbles, adding in the correct ending.

a La mer ...

b J'ai aimé la journée au ...

c Ma famille est vraiment ...

d J'ai perdu ...

e Je parle beaucoup ...

f Je m'entends bien ...

> était agitée
> français
> sympa
> avec ma correspondante
> collège
> mon parapluie

 4b Quelles sont les phrases positives?

Which sentences are positive?

Exemple b, ...

 5a Écoute. Astrid, Lucien, Marie et Benjamin parlent de leur échange en Angleterre. Qui parle ...

The French teenagers are talking about their exchange to England.
Who is talking ...

a about their penfriend?

b about the journey?

c about the activities?

d about the meals?

5b Réécoute. Qui parle de ...?

Listen again. Who is talking about each of the things pictured?

1 Arrange les lettres pour faire des noms de pièces.

Rearrange the letters to make the names of rooms in a home.

a S I N E U C I

b R S J É U O

c R E H M C A B

d S E N L I E E A B L S L A D S

e A L A À L E G N A R E S M N

2a Choisis le bon mot et recopie la description.

Copy out this description choosing the right word each time there is a choice (words in italics).

Salut! Je m'appelle Aïcha. J'habite à Marseille.

On a *un appartement / une chambre* moderne.

Il y a le séjour … c'est une grande *pièce / cuisine*.

À côté du *séjour / parking*, il y a la cuisine.

Il y a trois *cuisines / chambres* dans notre appartement.

Ma chambre est en face du *séjour / chien*. Elle est très petite, mais assez confortable.

À côté de ma chambre, il y a la chambre de mes *frères / chats*.

Il y a aussi *la chambre / le jardin* de mes deux parents.

La *salle de bains / maison* est à côté de ma chambre.

2b Écoute et vérifie.

Listen to check.

3 Choisis une ville: Bonville, Beaulieu ou Saint-Denis. Qu'est ce qu'il y a? Qu'est-ce qu'il n'y a pas? Explique.

Choose a town: Bonville, Beaulieu or Saint-Denis. What facilities are there/aren't there? Look at the chart and explain.

Exemple À Bonville, il y a deux banques; il n'y a pas de gare …

	Bonville	Beaulieu	Saint-Denis
gare	✗	✓	✓
gare routière	✓	✗	✗
banques	2	1	1
jardins publics	2	1	✗
boulangeries	1	4	2
boucheries	✗	1	1
pharmacies	1	1	1
stades	✗	✗	✗

4a On construit une ville nouvelle. Qu'est-ce qui est important? Fais une liste de 10 propositions.

A new town is being built. What facilities are important? Make a list of your top ten.

Exemple 1 On a besoin d'un college.
2 On a besoin de rues piétonnes.

un stade	un cinéma
des rues piétonnes	une gare
une patinoire	un collège
un club de jeunes	un commissariat de police
un terrain de jeux	un supermarché
un bowling	des pistes cyclables
un jardin public	des parkings souterrains
un hôpital	un restaurant

4b Une personne fait une proposition. Les autres donnent leur opinion. À tour de rôle!

One person suggests a facility they think is important, the rest of the group take turns to give their opinion.

Exemple
A: On a besoin d'une patinoire.
B: Oui, on a besoin d'une patinoire.
C: Non, on n'a pas besoin de patinoire.
B: On a besoin d'un club de jeunes.

■ ■ Rappel ■■■■■■■■■■■■■■■■■■
Oui: On a besoin **d'un** stade.
Non: On n'a pas besoin **de** stade.

 5 Qu'est-ce que tu vas faire pour être écolo? Fais deux listes.

What are you going to do to be environmentally-friendly? Make two lists.

Je vais ...
recycler les bouteilles

Je ne vais pas ...
jeter les sacs en plastique

a recycler les bouteilles
b jeter les sacs en plastique
c acheter du papier recyclé
d recycler le papier
e baisser le chauffage et mettre un pull
f me déplacer toujours en voiture
g éteindre la lumière quand je quitte une pièce
h laisser le robinet ouvert quand je me brosse les dents
i prendre une douche, pas un bain
j recycler les journaux et magazines
k jeter les papiers de bonbons dans la rue
l respecter la nature

1 Travaille avec ton/ta partenaire. Donne ton opinion sur les matières.
Work with a partner. Give your opinion of the school subjects below. He/She takes notes.

 Tu aimes les maths?

 *Oui, j'aime bien les maths.*

> J'aime bien …
> Je n'aime pas …
> Je trouve ça …
> Je suis fort(e)/faible en …

 2 Lis les deux bulles. Choisis les bons mots.
Read the two bubbles. Copy them out, choosing the right words each time there is a choice.

J'aime bien le collège. J'ai beaucoup de **copains/chambres** *et les profs sont* **grands/sympa***. Il y a un super club* **d'informatique/de profs***, mais il n'y a pas assez* **d'ordinateurs/de piscines***.*

Je n'aime pas le **père/collège** *parce que les profs sont trop* **super/sévères***. Il y a trop de* **cantines/devoirs** *aussi. Mon* **prof/sport** *préféré, c'est la natation, mais il n'y a pas de* **piscine/matière** *au collège.*

3 Écoute. Ils parlent de quoi?
Listen. Note the letter of the rule they are talking about.

4a Lis le texte. Mets les activités dans l'ordre.
Read the text. Put the pictures in the right order.

> Quand j'étais petit, j'allais à l'école primaire. C'était super! J'écoutais des histoires, je dessinais, j'apprenais à écrire, je chantais … Le week-end, je regardais la télé, je jouais dans le jardin et je lisais des bandes dessinées.

4b Quand il/elle était petit(e), qu'est-ce qu'il/elle faisait? Écris une phrase pour chaque illustration.
What did he/she do when small? Write a sentence for each picture.

Exemple **a** Il regardait la télé.

5a Relie pour faire cinq questions sur l'école primaire.
Find the ending that goes with the start of each question.

1 Qu'est-ce que
2 Quelle était
3 Tu apprenais
4 Il y avait
5 Tu aimais

des clubs?   ta matière préférée?

des langues?   tu faisais à l'école primaire?

l'école?

5b Relie une réponse à chaque question.
Match each answer to a question above.

a
> Je préférais la musique.

b
> Non, je n'apprenais pas de langues à l'école primaire.

c
> J'apprenais beaucoup de choses, je jouais, je dessinais …

d
> Oui, j'aimais bien l'école.

e
> Il y avait un club de théâtre et un club de karaté.

5c Pose les questions 1–5 à ton/ta partenaire.
Ask your partner questions 1–5 (see 5a).

> Tu apprenais des langues?

> Oui, j'apprenais le français – c'était amusant.

6 Encore

1a Avant de lire le texte, relie les mots aux illustrations. Vérifie dans le dictionnaire.

Before reading the text, match the words to their illustrations. Check in the dictionary.

1 le réveillon
2 des plats
3 le sapin
4 les huîtres
5 la dinde aux marrons
6 la bûche au chocolat

1b Lis le texte. Recopie et complète le texte avec les bons mots de l'activité 1a.

Read the text. Copy it and fill in the nouns from activity 1a (without their articles).

1c Écoute Antoine et Nathalie raconter leur dernier Noël. Décide qui a écrit le texte de l'activité 1b.

Listen to Antoine and Nathalie and decide who could have written the text above.

1d Réécoute. Recopie et complète la bulle pour l'autre personne.

Listen again. Copy and complete the other person's bubble.

Le 24 décembre, le soir de Noël, mes grands-parents viennent toujours chez nous pour le ***. On mange tard, vers dix heures, des *** très sophistiqués. On joue, on parle, on chante. On se couche très tard!

Le lendemain, le 25, c'est le jour de Noël. Tout d'abord, on se lève tôt pour ouvrir les cadeaux qui sont sous le ***! Puis on prend le petit déjeuner. Vers 13 h 30, les invités arrivent. Tous les ans, on est quinze ou seize personnes. On mange le repas traditionnel de Noël: les ***, la ***, et comme dessert, la ***. On boit du champagne! Après, on écoute de la musique et on regarde un film. C'est relax. C'est une bonne occasion d'être en famille et moi, je trouve ça très sympa.

Cette année, Noël, c'était chez mes grands-parents. On a fait le réveillon mais on n'a pas ... On a ... et on a ...
Le jour de Noël, on est tous allés ... On a mangé ... on a ... et on a ... C'était ...

2a En groupes, préparez un calendrier des fêtes importantes pour vous. D'abord, chaque groupe note ses cinq fêtes préférées.

In groups, make a calendar showing the dates of important celebrations. First, each group notes its favourite five.

Exemple 1 la fête de l'école.

2b Pour chaque fête, répondez au questionnaire.

For each celebration, answer the questionnaire.

> *C'est quand?*
> *Comment est-ce qu'on fête ...?*
> *On va où?*
> *Qu'est-ce qu'on mange/boit?*
> *C'est comment?*

Exemple La fête de l'école, c'est le 12 mai. On va dans la grande salle. On joue de la musique, on fait du théâtre. On mange des hot-dogs et des burgers. On boit du coca. C'est sympa.

2c Décrivez comment c'était la dernière fois pour ces fêtes.

Describe what it was like the last time you celebrated these festivals.

Exemple L'année dernière, pour la fête de l'école, on est allés dans la grande salle. On a joué de la musique, mais on n'a pas fait de théâtre … etc.

2d Présentez vos cinq fêtes à la classe. Notez les dates sur un grand calendrier de classe.

Present your five celebrations orally to the class. Note their dates on a big class calendar.

mars

14 _____

15 _____

16 _____

17 **La Saint-Patrick**
Chaque année, pour la St-Patrick, on fait une fête au collège, avec de la musique et des danses irlandaises. Cette année, on a regardé la vidéo du spectacle de danse Riverdance. C'était super!

18 _____

19 _____

20 _____

octobre

26 _____

27 _____

28 _____

29 _____

30 _____

31 **Halloween**
Chaque année, on célèbre Halloween. On porte des costumes. On va chez les voisins. On dit: "Trick or treat!" On mange beaucoup de bonbons. L'année dernière, on est allés à un bal au City Hall. C'était sympa!

1 En plus

1a Regarde l'arbre d'Anaëlle. Recopie et complète sa lettre, à droite.

1b Imagine que tu es Loïc ou Léa. Écris une lettre comme la lettre d'Anaëlle.

Dans ma famille, nous sommes *** enfants, *** filles et *** garçons. Mes parents ont ***. Ma mère s'est ***. J'ai un *** qui s'appelle Alain. Mon père aussi s'est ***. J'ai une *** qui s'appelle Anne. J'ai un grand ***, qui s'appelle Hervé, et un *** qui s'appelle Loïc. J'ai une petite ***, qui s'appelle Nadia, et trois ***, qui s'appellent ***, *** et ***.

Sylvie — Alain — Magali — Pierre — Anne

Chloé — Loïc — Hervé — Anaëlle — Nadia — Léa — Louise

2a Lis ces réponses aux e-mails de Nolwenn, Soizig et Loïc (page 16). Recopie et complète avec le bon pronom: moi, toi, nous *(us)*, vous *(you)*, elle, lui, eux, elles.

2b Relis. Quelle réponse est pour qui?

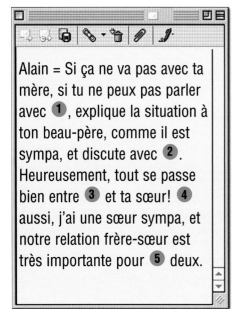

Alain = Si ça ne va pas avec ta mère, si tu ne peux pas parler avec ❶, explique la situation à ton beau-père, comme il est sympa, et discute avec ❷. Heureusement, tout se passe bien entre ❸ et ta sœur! ❹ aussi, j'ai une sœur sympa, et notre relation frère-sœur est très importante pour ❺ deux.

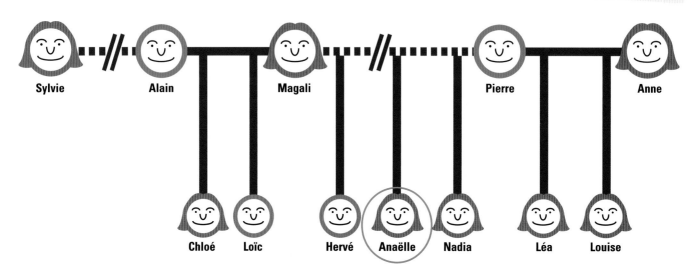

Sophie = Tu dis que tu ne t'entends pas avec les filles de ta belle-mère. Elles sont vraiment méchantes avec ❻? Tu as essayé de discuter avec ❼? Si les choses sont vraiment très dures entre ❽, parle à ton père, explique-❾ la situation.

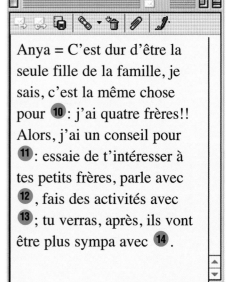

Anya = C'est dur d'être la seule fille de la famille, je sais, c'est la même chose pour ❿: j'ai quatre frères!! Alors, j'ai un conseil pour ⓫: essaie de t'intéresser à tes petits frères, parle avec ⓬, fais des activités avec ⓭; tu verras, après, ils vont être plus sympa avec ⓮.

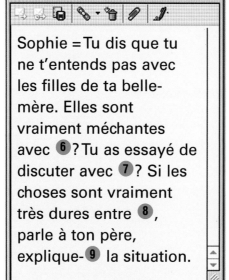

3a Relie les questions de Roméo (1–6) aux réponses de Juliette (a–f).
Exemple **1 b**

1 Salut, Juliette! Moi, je peux téléphoner quand je veux. Et toi?

2 Oh, c'est nul! Moi, je n'ai pas besoin d'envoyer un SMS quand je sors. Et toi?

3 Ouah! Hyper stricts, les Capulet! Moi, je peux sortir le soir, et toi?

4 Ah … Le samedi, je ne suis pas libre. Je dois aller voir ma famille. Et toi?

5 Mais le dimanche, j'ai le droit de sortir. Et toi?

6 Alors, on se retrouve à deux heures, au parc? À dimanche, ma Juliette!

3b Recopie la conversation dans le bon ordre et complète les phrases a–f avec les expressions de la boîte, comme dans l'exemple.

| pas moi | moi aussi | moi si | moi non plus |

3c Écoute et vérifie.

a Moi non plus, je ne suis pas libre le samedi. Je dois aider ma mère à la maison.

b Oui, ***, mais je peux seulement parler à mes copines, pas à mes copains!

c ***! Je dois envoyer un SMS à mes parents pour dire où je suis et quand je rentre.

d Non, *** . Je n'ai pas le droit de sortir après le dîner.

e Oh oui! À dimanche, mon Roméo!

f Euh … ***! Je peux sortir le dimanche après-midi.

4 Choisis un élément dans chaque colonne et écris 10 phrases vraies pour toi.

Je dois	écouter ma musique	une fois par semaine.
Je peux	aller au cinéma	tous les jours.
Je n'ai pas besoin de/d'	jouer à la PlayStation	quand je veux.
Je n'ai pas le droit de/d'	aller voir mes grands-parents	tard le soir.
	manger devant la télé	le matin.
	aller en boîte	le week-end.
	faire les courses	pendant la semaine.
	avoir un petit boulot	avec mes copains.

ÉCOUTER ÉCRIRE 1 Écoute Camille et Matthieu et réponds.

   a Qu'est-ce que Matthieu a fait pour gagner de l'argent?

   b Il a gagné combien?

   c Qu'est-ce qu'il a fait avec cet argent?

Mélanie — 70€ — 15€

Léandre — 35€ — 20€

ÉCRIRE 2 Regarde les dessins ci-dessus. Réponds aux questions a–c de l'activité 1 pour Mélanie et Léandre.

ÉCOUTER PARLER 3 Écoute Lucien et prends des notes. Discute avec un(e) partenaire et choisissez un métier idéal pour lui.

   Exemple Lucien peut être … parce qu'il aime …, il est bon en …, il voudrait …, etc.

Lucien

Chère Manon,

Aujourd'hui, j'ai commencé mon stage à Vulcania. C'était super!

Comme j'ai commencé à 9 heures, je me suis levée très tôt. Je me suis préparée et j'ai mis mon uniforme: j'ai une jupe avec une veste rouge. J'ai pris le car à 7 h 50. Je suis arrivée à Vulcania en avance – je déteste arriver en retard! J'ai eu le temps de boire un thé et je suis allée voir le chef du personnel, qui s'occupe des stagiaires.

Ce matin, je n'ai pas travaillé: j'ai visité tout le parc avec un guide. C'était super! J'ai appris beaucoup de choses sur les volcans, c'était passionnant! À 12 h, je suis allée manger à la cantine et à 13 h 30, je suis allée à l'accueil. C'est là que je travaille. Les hôtesses d'accueil qui travaillent là ont été très sympa avec moi: elles m'ont tout expliqué. C'était super, j'ai vraiment beaucoup aimé le travail et le contact avec les gens. Tous les visiteurs ne sont pas toujours très sympa, mais heureusement, je suis calme et patiente! J'ai souvent parlé en anglais avec les touristes britanniques et américains, c'est pratique d'être bilingue!

 4a Camille a commencé son stage à Vulcania. Lis son e-mail à une copine.
Trouve dans le texte les mots français pour:
a quelqu'un qui fait un stage
b quelqu'un qui travaille à l'accueil
c quelqu'un qui fait visiter
d quelqu'un qui s'occupe des employés

 4b Réponds aux questions.
a Pourquoi Camille s'est-elle levée très tôt?
b Comment est-elle allée à Vulcania?
c Qu'est-ce qu'elle a fait le matin?
d Qu'est-ce qu'elle a fait l'après-midi?
e Que pense-t-elle de sa première journée de stage?

1a Tu arrives en France. Tu as fait bon voyage!
Écris une carte postale à ton prof de
français. Réponds aux questions.

> **Tu as fait bon voyage?**

> **Qu'est ce que tu as fait pendant le voyage?**

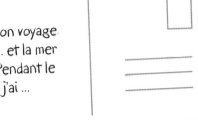

J'ai fait bon voyage.
C'était ... et la mer
était ... Pendant le
voyage, j'ai ...

1b Tu n'as pas fait bon voyage! Réponds aux
questions.

2a Tu fais une excursion avec ton/ta
correspondant(e), mais tu as oublié six
choses. C'est quoi? Si nécessaire, cherche
les mots dans le dictionnaire.

2b Imagine les conversations. Parle avec
expression!

Exemple

A: Ah non! J'ai oublié ma bouteille d'eau.
Je n'ai pas d'eau!

B: Pas de problème!

A: Tu peux me prêter de l'eau, s'il te plaît?

B: Oui, bien sûr!

3a Lis les lettres et regarde le menu, page 119.
Le menu, c'est pour Julie ou Mario?

Pour les repas, je suis un peu difficile. Je
suis allergique aux produits laitiers (lait,
yaourt, crème, fromage, etc.). Je suis
végétarienne, mais je mange quelquefois
du poisson et j'adore les légumes, sauf les
carottes. J'aime aussi les fruits, mais je
suis allergique aux fraises.

Julie

J'adore manger, mais je suis un peu difficile.
Je déteste le poisson et je suis allergique
aux fruits de mer. Heureusement, j'aime bien
la viande! Je n'aime pas les légumes, sauf
les petits pois, mais j'aime bien les fruits,
surtout les pommes. J'aime bien les tomates
aussi. Je préfère les dessert froids.

Mario

3b Écris un menu pour l'autre correspondant.

Menu

4a Imagine que tu fais un échange. Recopie et complète les phrases. Il y a beaucoup de possibilités!
  a J'aime la journée …
  b Je m'entends bien avec …
  c Ma famille est …
  d On s'amuse …
  e Je parle …
  f La visite …

4b Jeu de mémoire. Qui a l'expérience la plus positive?
Exemple
A: J'ai aimé la journée en Allemagne.
B: J'ai aimé la journée en Allemagne et je m'entends bien avec ma correspondante.
A: J'ai aimé la journée en Allemagne, je m'entends bien avec ma correspondante et je …

5a Écoute. Astrid, Lucien, Marie et Benjamin parlent de leur échange en Angleterre. Qui parle …
  a de sa correspondante?
  b du voyage?
  c des activités?
  d des repas?

Exemple   Astrid: b

5b Réécoute. Note trois détails pour chaque personne.
Exemple   Astrid: un peu long, …

5c Écris un petit texte pour chaque personne.
Exemple   Astrid a fait bon voyage pour aller en Angleterre, mais c'était un peu long. Elle était fatiguée. Pendant le voyage, elle a mangé un sandwich.

1a Aïcha parle de son appartement. Écoute deux ou trois fois et prends des notes.

Exemple   Habite Marseille, appt moderne, grand séjour, …

1b Utilise tes notes pour écrire une description de l'appartement d'Aïcha.

Exemple   Aïcha habite à Marseille. Elle a un appartement moderne. Il y a un grand séjour et à côté du séjour, il y a …

2a Choisis une des trois villes. Écris une description.

Exemple   Villeneuve se trouve dans le nord de la France. C'est une ville moderne et … Il y a une gare, … Il n'y a pas de …

Saint-Maurice

Villeneuve

Châteaufossard

2b A décrit une ville. B prend des notes, livre fermé. Ensuite, changez de rôle.

3 Écris une liste des priorités pour chaque personne a–e.

Exemple   Une personne âgée a besoin d'un hôpital, d'un jardin public, …

a une personne âgée
b un adolescent/une adolescente
c une mère/un père de famille avec cinq enfants
d une femme/un homme d'affaires
e un sportif/une sportive

une patinoire
une gare
un club de jeunes
un cinéma
un terrain de jeux
un commissariat de police
un hôpital
des pistes cyclables
un bowling
un stade
des rues piétonnes
un jardin public
un collège
des parkings souterrains

4 En groupes de trois ou quatre, faites une émission de radio sur les gestes écologiques. Une personne est le présentateur/la présentatrice. Les autres téléphonent pour donner leurs suggestions. Enregistrez votre émission si possible.

il faut – you must

Exemple

A: Bonjour! Aujourd'hui, on parle d'écologie. Qu'est-ce qu'il faut faire pour protéger la planète? Donnez vos suggestions.

B: Allô! Bonjour! J'ai deux suggestions.

A: Excellent!

B: Il faut recycler les bouteilles et il ne faut pas jeter les sacs en plastique parce qu'on peut les recycler.

A: Oui! Merci.

C: Allô! J'ai deux suggestions. Il faut acheter du papier recyclé, …

La Terre est en danger: Gaia, la déesse* de l'environnement, ne peut plus protéger la planète des dangers des déchets toxiques et de la pollution. Elle décide donc de recruter cinq courageux adolescents pour l'aider à défendre la Terre. Ils viennent des quatre coins du monde. Ils s'appellent Kwame, Wheeler, Linka, Gi et Matti et ensemble ils sont "les planétaires".

Gaia donne un anneau* avec un pouvoir* précis à chaque planétaire. Mais si leurs forces individuelles ne sont pas suffisantes, ils peuvent combiner leurs pouvoirs pour invoquer le Captain Planet. Captain Planet triomphe sur n'importe quelle* menace toxique et ennemie.

Cette série très écologique à été créée aux USA pour montrer que l'industrialisation cause de gros problèmes pour la planète. Une version française de la série a été diffusée* à la télé pour la première fois en France sur Canal+ en 1991 et continue à avoir du succès.

la déesse – goddess
un anneau – a ring
un pouvoir – a power
n'importe quelle – any
diffusée – broadcast

5a Écoute et lis l'article sur Captain Planet. Choisis un titre pour l'article.
a   Le triomphe de la pollution
b   Un héros écolo
c   Ennemis de la Terre

5b Vrai, faux ou on ne sait pas?
a   Gaia est une "planétaire".
b   Il y a cinq "planétaires".
c   Les déchets toxiques sont le plus grand danger pour la Terre.
d   Captain Planet ne peut pas protéger l'environnement.
e   Cette série passe à la télévision.
f   Captain Planet n'est pas connu en France.

 1 A donne son opinion sur une matière.
B devine la matière.

Exemple

A: Je suis faible dans cette matière. Je n'aime pas cette matière parce que je trouve ça très difficile et le prof est trop sévère. J'ai aussi beaucoup de devoirs.

B: C'est les maths?

A: Oui!

 2a Choisis le bon mot.

> Je n'aime pas le *collège / club des jeunes* parce que les profs sont trop *sympa / sévères*. Il y a trop de *récréations / devoirs* aussi. Mon *sport / matière* préféré, c'est la natation, mais il n'y a pas de *piscine / plage* au collège.

Je déteste le collège!

2b Regarde les dessins. Écris un texte (voir 2a).

 collège **copains** **club** **super!** **profs**

 devoirs   **x 5**

3a Lis le texte. Recopie et complète la grille avec des mots-clés.

	Quand j'étais petit	Maintenant
école	*école primaire, apprenais ...*	
week-end		

Quand j'étais petit, j'allais à l'école primaire, mais maintenant je vais au collège. À l'école primaire, on apprenait à lire et à écrire, on jouait avec les copains, on écoutait des histoires, on dessinait … C'était super! Maintenant, c'est plus difficile. J'apprends deux langues étrangères, je fais de l'informatique, j'ai beaucoup de devoirs. Mais j'aime bien le collège parce que j'ai beaucoup de copains et les profs sont sympa.

Quand j'étais petit, le week-end, je jouais aux petites voitures, je jouais avec mes copains et je regardais la télé. Maintenant, je sors avec mes copains, je vais en ville ou à la piscine et j'écoute de la musique.

3b À toi de continuer le poème à droite.

> **Au revoir, l'école primaire, Bonjour le collège**
>
> **Au revoir les jeux, Bonjour les devoirs**
>
> **Au revoir les histoires, Bonjour la littérature**
>
> **Au revoir …**

4a Lis les textes. Résume en anglais pour chaque pays.

Au collège en Europe

Dans mon collège, il faut porter un uniforme. Ce n'est pas marrant. Même si on a de mauvaises notes, on n'a pas besoin de redoubler. Ça, c'est bien.
Adam, Grande-Bretagne

Ici, il faut aller à l'école jusqu'à l'âge de dix-huit ans. C'est obligatoire pour tous les jeunes Hongrois.
Istvan, Hongrie

On doit aller en classe le matin seulement. L'après-midi, on fait du sport ou des activités artistiques. Je trouve ça génial.
Ursula, Allemagne

En Espagne, on n'a pas besoin de passer d'examen à la fin de l'année. C'est le contrôle continu. Je trouve ça très juste parce que je pense que les examens sont stressants.
Julia, Espagne

On doit avoir cinq heures de cours le lundi, le mercredi, le jeudi et le samedi. Le mardi et le vendredi, on doit avoir six heures de cours. Moi, j'aime bien le dimanche!
Roberto, Italie

> redoubler – stay down and repeat the year
> une note – a mark
> le contrôle continu – continuous assessment

4b Donne ton opinion sur les points mentionnés.

> **Exemple** Je ne suis pas d'accord avec Adam. Je pense que porter un uniforme, c'est bien parce que …

5a On parle de l'école primaire. Écris les questions pour chaque réponse.

  a On apprenait beaucoup de choses, on dessinait, on jouait …
  b Non, il n'y avait pas de clubs.
  c J'avais une jupe et un pull.
  d Oui, j'avais des devoirs, surtout en français et en maths.
  e J'apprenais l'anglais.
  f Oui, j'aimais beaucoup l'école primaire.
  g Oui, les maîtres étaient sympa.
  h Ma matière préférée, c'était la musique.

> maître – teacher in primary school

5b Regarde les dessins et écris un texte au sujet de l'école primaire.

> **Exemple** Quand j'étais petit(e), j'allais à l'école primaire. Je … Le week-end, je …

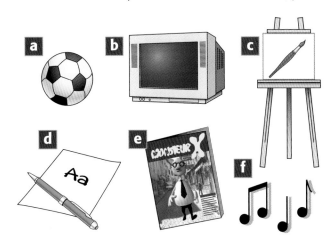

Les grandes fêtes

La dernière grande fête de famille, c'❶ ma communion. J'❷ 12 ans. Le matin, on ❸ à l'église. il y ❹ mon père, ma belle-mère, mes deux sœurs, mon petit frère, mes deux grands-mères, mon grand-père, mes oncles et tantes, mes cousins et cousines. Il y ❺ aussi mon parrain et ma marraine bien sûr, qui ❻ des amis de mes parents. Après la cérémonie à l'église, on ❼ dans un restaurant. On ❽ vraiment bien ❽. Il y ❾ de l'agneau et des frites et comme dessert, c'❿ un gâteau au chocolat. Moi, j'⓫ ça. Après, on ⓬ une fête chez mes grands-parents, qui ⓭ une très grande salle dans leur maison. Il y ⓮ un karaoké et on ⓯ beaucoup ⓯. On ⓰ surtout bien ⓰! J'⓱ beaucoup de cadeaux. Mon parrain et ma marraine m'⓲ de l'argent. Avec cet argent, je ⓳ un ordinateur! Mes parents m'⓴ un portable. J'㉑ aussi ㉑ une montre, de l'argent et des livres. C'㉒ une journée très sympa. J'㉓ super contente!

parrain – godfather
marraine – godmother

1a Écoute et lis le texte. Mets les dessins dans l'ordre.

 a

 b

 c

 d

1b Relis. Recopie et complète le texte avec les bons verbes. Écoute et vérifie. Attention aux temps!

acheter aller chanter être manger

adorer avoir donner faire rire

Exemple 1 était

2a Écoute Louis. Relie les débuts et les fins de phrases pour résumer.

1 C'était …   a une promenade sur la plage.
2 Il y avait …   b vraiment sympa.
3 On est allés …   c l'anniversaire de mariage des grands-parents.
4 On a fait …   d toute la famille.
5 C'était …   e dans un restaurant au bord de la mer.

2b Réécoute. Réponds aux questions en français.

a Depuis quand les grands-parents de Louis sont-ils mariés?
b Qu'est-ce qu'ils ont eu comme cadeau?
c Pourquoi étaient-ils très contents?
d Qu'est-ce qu'ils ont mangé au restaurant?
e Qu'est-ce que les jeunes ont fait sur la plage?
f Qu'est-ce qui va se passer dans cinq ans?

3 Regarde les photos de Guillaume. Raconte sa fête d'anniversaire. Utilise le texte de l'activité 1 comme modèle.

Exemple   C'était ma fête d'anniversaire. J'avais 13 ans. etc.

4a À toi de raconter ta dernière fête d'anniversaire (invente si tu préfères)! Utilise les débuts de phrases de l'activité 2 et les textes comme modèles pour préparer des notes.

4b Présente ta fête à la classe! (Relis Guide pratique, page 91.)

Un petit tour en Bretagne . . .

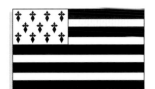

Le *Gwenn ha du* (hlanc et noir), inventé par un nationaliste breton, devient le drapeau officiel de la région en 1927. Il se trouve sur tous les bâtiments officiels.

Le triskell est un symbole celte qui représente l'eau, l'air et le feu. Des bijoux bretons ont la forme du triskell.

L'hermine, qui était le symbole des Ducs de Bretagne, est maintenant typique de la région et est sur beaucoup de produits locaux.

Maintenant, les Bigouden (Bretonnes du sud-ouest de la Bretagne) portent cette coiffe, qui est haute de 30 cm, seulement* dans les fêtes folkloriques.

* only

Les *Fest-noz* (fêtes de nuit) sont très populaires. On écoute la musique des *bagadoù* (des groupes qui jouent de la musique bretonne), on danse, on mange des spécialités locales et on boit du cidre!

Quelques mots de breton

Demat	Bonjour
Kenavo	Au revoir
Trugarez	Merci
Breizh	la Bretagne
ar brezhoneg	le breton

1 Lis la page. Ces phrases sont vraies ou fausses?
  a The Breton flag is called "The White and Black".
  b Many women still wear the traditional headdress every day.
  c Breton jewellery has a Celtic influence.
  d Not many people go to the traditional "night feasts".

2 Lis la blague et le proverbe.
Explique en anglais.
C'est quoi le mot breton pour "enfants"?

Le coin des blagues

Un homme passe ses vacances en Bretagne et il pleut.
Il demande à un petit garçon: "Il fait beau parfois en Bretagne?"
Le petit garçon répond: "Ben, je ne sais pas, j'ai seulement 8 ans!!!"

Proverbe breton

Bugale vihan, poanioù bihan; Bugale vras, poanioù bras.

Petits enfants, petits problèmes; grands enfants, grands problèmes!!

Point lecture en plus

Alan Stivell

Alan Stivell est le musicien breton le plus célèbre et le "père" de la musique bretonne moderne.

Alan est né le 6 janvier 1944. Son père, Jord Cochevelou, est passionné de culture et de musique bretonnes: il rêve de faire revivre la harpe celtique, qui n'existe plus en Bretagne. En 1953, il construit une harpe pour son fils Alan, qui a neuf ans.

Alan est déjà bon musicien (il a commencé le piano quatre ans plus tôt avec son père). À 11 ans, il joue trois morceaux de harpe celtique pendant un concert à Paris. Au même moment, il commence à apprendre le breton et se passionne pour l'histoire, la mythologie et bien sûr les musiques celtes.

À 15 ans, il fait son premier disque. Il aime toutes les musiques: le classique, le rock, qui vient des USA, et les musiques du monde. Il aime aussi beaucoup les technologies modernes et, en 1964, il invente la harpe électrique. Il commence aussi à chanter et en 1967, prend le nom de Stivell ("source" en breton).

Il devient de plus en plus célèbre dans le monde entier avec une nouvelle musique: le "rock celtique", mélange de musique traditionnelle et moderne. Il fait un disque à la mémoire de son père, qui est mort en 1976.

Trente ans après, Alan Stivell est toujours une star internationale. Il a contribué à faire aimer la musique bretonne à toutes les générations, et aussi à faire revivre la harpe celtique, le rêve de son père!

Pour en savoir plus: www.alan-stivell.com et http://perso.wanadoo.fr/siteas/

LIRE 1 Lis l'article sur Alan Stivell. Réponds aux questions en anglais.

a At what age did Alan start learning music?

b When did he start focusing on Celtic music?

c What was his father's dream?

d What sort of music influences Alan?

e What are his two greatest achievements?

f What role would you say his father played in his success?

L'argent de poche et toi

1 La fourmi*
Julie, 16 ans:

Moi, je préfère mettre mon argent de poche de côté pour plus tard. J'ai ouvert un compte en banque quand j'avais 12 ans. J'ai mis mon argent de poche, l'argent de mes anniversaires et tout l'argent de mon petit boulot sur ce compte. J'ai déjà plus de 500 euros! Mon rêve, c'est d'avoir assez d'argent pour m'acheter une moto!

2 La cigale*
Nathalie, 14 ans:

Moi, je flambe mon argent de poche! J'aimerais bien mettre de l'argent de côté, mais je ne peux pas! Quand je vais dans les magasins, je ne résiste jamais à la tentation. Un nouveau CD de mon chanteur préféré? J'achète! Un tee-shirt super cool? J'achète! J'ai 20 euros avec mes parents et souvent ils sont dépensés en … un week-end!

3 Le père Noël
Boris, 13 ans:

J'adore faire des cadeaux. Je dépense presque tout mon argent de poche en cadeaux pour ma famille et mes amis! J'achète aussi des magazines et des bonbons pour ma petite sœur qui n'a que 2 euros par semaine. Si je mets de l'argent de côté, c'est en général pour les anniversaires!

4 Le comptable
Benoît, 15 ans:

J'ai 40 euros par mois. Je mets 50% de côté pour plus tard, quand je vais aller à l'université. Avec le reste, je paie mes babioles et mon téléphone portable (mes parents ont refusé). Quand je veux acheter quelque chose d'important, je prends dans mes économies, mais je fais des petits boulots supplémentaires pour remplacer tout de suite!

 1 Lis les textes et trouve les expressions en français:

a a bank account
b I never resist temptation
c I splash out
d I spend
e my bits and pieces
f my savings
g accountant
h immediately

> *La cigale et la fourmi* refers to Aesop's fable: *The Grasshopper and the Ant*. The moral of the fable is that it is best to prepare for times of need.

 2 Quelle est ton attitude par rapport à l'argent de poche? Écris 50–60 mots. Utilise les textes ici comme modèles et regarde aussi Guide pratique, page 33.

2 Point lecture en plus

1 Lis les informations sur Clermont-Ferrand et réponds aux questions en français.
   a Où se situe la ville?
   b Comment peut-on venir à Clermont?
   c Qu'est-ce qu'on peut faire à Clermont?

2 Écris un paragraphe sur Michelin avec les informations de la fiche. Utilise des verbes au présent et au passé!

   Exemple En 1889, les frères Michelin ont ouvert …

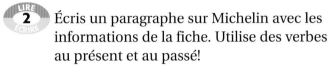

Michelin en chiffres

✪ **1889:** Les frères Michelin ouvrent la manufacture Michelin pour faire des pneus en caoutchouc, avec 52 employés à Clermont-Ferrand.

✪ **1895:** Michelin invente le premier pneu de voiture.

✪ **1898:** Michelin invente un symbole, le Bibendum.

★ **2000:** Michelin a 2 500 chercheurs à Clermont, 30 000 employés en France et 130 000 dans le monde (80 sites dans 19 pays sur les cinq continents).

★ **2000:** Michelin a plus de 32 000 produits différents.

★ **2000:** Bibendum est élu "meilleur logo du siècle".

Clermont-Ferrand
Situation: Auvergne, Puy-de-Dôme (63), au pied des volcans
Habitants: 140 000
Transports: Paris (425 km par autoroute)
Gare SNCF tél. 08.36.35.35.35.
Gare routière tél. 04.73.93.13.61
Aéroport International Clermont-Fd/Auvergne
tél. 04.73.62.71.00
Attractions: Parc Naturel Régional des Volcans d'Auvergne; Vulcania; nombreux musées; festivals (cinéma, jazz, hip-hop, cerf-volant)

3 Lis le texte ci-dessous et écris six choses sur Vulcania. Compare avec ton/ta partenaire en anglais.

Vulcania: Parc européen du volcanisme

Ce sont des lycéens de la région qui ont choisi le nom Vulcania. La construction du parc a commencé en 1990 et il s'est ouvert en 2002. Un an après, plus d'un million de personnes ont déjà visité le site! Vulcania est discret dans le paysage: il est à $\frac{3}{4}$ construit sous terre, en plein cœur du Parc Naturel Régional, dans une coulée de lave vieille de 30 000 ans! Pourtant entre 150 et 300 personnes travaillent ici: réceptionnistes, secrétaires, guides, serveurs, commerciaux, scientifiques, techniciens, ingénieurs, etc! Le thème du parc: les volcans et les sciences de la Terre et de l'Univers. On peut tout apprendre sur les éruptions, les volcans sous-marins, les volcans de Mars, les vulcanologues célèbres depuis l'Antiquité jusqu'au 21ème siècle, etc. Une visite passionnante garantie!
Voir: www.vulcania.com

La vie d'une jeune fille au pair

le 12 juillet
Cher papa,
Me voilà en Angleterre! J'aime bien travailler comme au pair, et la famille est sympa. On mange le soir à six heures - très tôt, non? Et on mange très vite! On fait la vaisselle vers six heures et demie.
Grosses bises, Virginie

le 20 juillet
Cher papa,
Aujourd'hui, j'ai passé la journée avec les deux enfants, Henry (9 ans) et Esme (6 ans). Ils sont en vacances pendant six semaines! On a joué au foot, on a fait du vélo, on est allés à la piscine, on a retrouvé des copains au parc, on a fait un pique-nique … et moi, je suis très très fatiguée!
Grosses bises, Virginie

le 28 juillet
Cher papa,
On est allés à la plage en train. C'était assez rapide et le train était confortable, mais j'ai oublié de prendre les maillots de bain et le pique-nique! Quel désastre!
Grosses bises, Virginie

le 13 août
Cher papa,
On a mangé chez la grand-mère. J'ai aimé le Yorkshire Pudding - ce n'est pas un dessert, on mange ça avec de la viande! Le dessert était une spécialité anglaise - le Trifle (gâteau, fruits, gelée, crème anglaise, crème, cerises - dans UN bol!). J'en ai mangé un peu. C'était … bizarre!
Grosses bises, Virginie

le 16 août
Cher papa,
Je n'ai pas de dictionnaire! Le chien a mangé mon dictionnaire!
Henry dit que le chien est très intelligent et qu'il va parler français!
Grosses bises, Virginie

le 22 août
Cher papa,
Henry et Esme voudraient bien visiter la France pendant une semaine.
J'arrive demain … avec Henry et Esme!
À bientôt! Virginie

 1 Lis les textes et les phrases a–e. Vrai, faux ou la réponse n'est pas donnée?
  a Virginie travaille en Angleterre.
  b En France, Virginie mange tard le soir.
  c Virginie a fait un Yorkshire pudding.
  d Elle a adoré le trifle.
  e Le chien parle français.

 2 Résume les textes en anglais (120 mots environ).

3) Point lecture en plus

Un grand footballeur: Zidane

Carte d'identité

Nom:	Zinedine Yazid Zidane
Surnom:	Zizou
Né:	le 23 juin 1972, à Marseille
Nationalité:	française
Origine:	algérienne (ses parents sont nés en Kabylie)
Profession:	footballeur
Poste:	milieu de terrain
Taille:	1,85 m
Poids:	80 kg
Famille:	Marié, père de famille

Comme beaucoup d'enfants de Marseille, Zidane s'est toujours intéressé au football. Il a signé sa première licence au club de l'US Saint-Henri, près de la Castellane. C'était un club de quartier.

Il jouait bien et a été recruté par le club de Cannes où il est resté six ans et a appris toutes les bases du football moderne. Ses parents ont accepté car il était placé dans une famille d'accueil sympa, les Elineau.

Le 8 février 1991, il a marqué son premier but en première division contre Nantes. Comme le président de Cannes lui avait promis une voiture le jour de son premier but en professionnel, il a reçu sa première voiture, une Clio rouge!

Mais Zinedine Zidane était déjà très doué et souhaitait changer de club. Il a alors signé un nouveau contrat pour rejoindre les Girondins de Bordeaux. La première saison, il a marqué 10 buts. 1994 a été une grande année pour Bordeaux et Zidane. Les Girondins sont arrivés en finale de la Coupe d'Europe des champions mais ont été battus par le Bayern de Munich. 1994 a aussi été l'année de la première sélection en équipe de France pour Zidane.

Il a continué à faire des progrès et est parti en 1996 en Italie, à la Juventus de Turin. La première année à Turin a été difficile pour lui, mais il a appris l'italien et il s'est adapté progressivement à la vie italienne et au système de jeu local.

Lors de la Coupe du monde de 1998, Zinedine Zidane jouait pour la France. En finale il a marqué deux très beaux buts avec la tête. Grâce à lui, la France a remporté la Coupe du monde. Tous les attaquants qui ont joué avec lui le disent: le travail est beaucoup plus facile avec un distributeur comme Zidane.

1 Lis et réponds aux questions en anglais.

   a When and where was Zidane born?

   b How many languages do you think he might speak? Why?

   c Where did he stay when he was playing for Cannes?

   d What was his first car and how did he get it?

   e What was the first foreign club he played for and did he settle in quickly?

   f Why was 1998 an important year for Zidane?

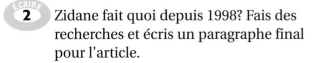

2 Zidane fait quoi depuis 1998? Fais des recherches et écris un paragraphe final pour l'article.

L'école

Dans notre ville, il y a
Des tours, des maisons par milliers,
Du béton, des blocs, des quartiers,
Et puis mon cœur, mon cœur qui bat
     Tout bas

Dans mon quartier, il y a
Des boulevards, des avenues,
Des places, des ronds-points, des rues
Et puis mon cœur, mon cœur qui bat
     Tout bas

Dans notre rue, il y a
Des autos, des gens qui s'affolent,
Un grand magasin, une école,
Et puis mon cœur, mon cœur qui bat
     Tout bas

Dans cette école, il y a
Des oiseaux chantant tout le jour
Dans les marronniers de la cour.
Mon cœur, mon cœur, mon cœur qui bat
     Est là.

©Jacques Charpentreau,
La Ville enchantée, 1976

1 Lis le poème. Trouve la ligne qui va avec chaque dessin à droite.

2 Écris un poème similaire sur le monde autour de toi.

Exemple   Dans notre ville, il y a …
               Dans mon quartier, il y a …
               Dans notre rue, il y a …
               Dans cette école, il y a …

4 Point lecture en plus

VINCENT VAN GOGH *un artiste inspiré par la Provence*

Qui est Vincent Van Gogh? Le célèbre peintre a habité en France, mais il n'était pas français. Il est né le 30 mars 1853 aux Pays-Bas. C'est un enfant sérieux et sensible qui aime dessiner et lire. Après l'école, il a plusieurs petits emplois qu'il n'aime pas. Il voudrait devenir pasteur comme son père, mais il n'y réussit pas. Alors il décide de peindre.

Il prend des cours, mais il trouve ses professeurs trop classiques et il n'accepte pas leurs règles. Il préfère apprendre tout seul: il copie les tableaux qu'il admire. Grâce à son frère Théo, Vincent fait la connaissance des grands peintres impressionnistes: Monet, Renoir, Sisley, Pissaro, Degas et Seurat. Ces artistes influenceront beaucoup son œuvre.

En 1888, Vincent va habiter à Arles, en Provence, dans une petite maison où il repeint les murs en jaune. Il adore la lumière de la Provence et il peint avec des couleurs claires et vives. Il déclare: "C'est la couleur qui fait le tableau." C'est à Arles qu'il peindra plus de cent tableaux, les tableaux les plus colorés de sa carrière.

C'est là aussi qu'il menace son ami Paul Gauguin (célèbre peintre français) avec un rasoir pendant une dispute. Dans un moment de folie, il se coupe une oreille (voir son autoportrait à l'oreille cassée). Van Gogh souffre de dépression et, à l'âge de 37 ans, il se suicide d'un coup de revolver.

Il est mort dans la misère*. Pendant sa vie, il n'a été ni riche ni célèbre. Pourtant, aujourd'hui, ses peintures se vendent des dizaines de milliers d'euros.

la misère - extreme poverty

1 Lis l'article sur Van Gogh. Réponds aux questions en anglais.
  a When and where was he born?
  b What sort of child was he?
  c How did he learn to paint?
  d What sort of pictures did he paint when he was living in Provence?
  e What do you think made him cut off his own ear?
  f How did he die?

2 Fais des recherches sur un des peintres mentionnés dans l'article. Écris un petit résumé en français.
  Exemple Il est né en … à …, en …
       Il voudrait devenir …
       En … il habite à …
       Il est mort en …

1a Lis l'article à droite. Fais une liste de tous les verbes à l'imparfait avec leur équivalent en anglais. Pourquoi sont-ils à l'imparfait?

1b Trouve:
a four thousand years ago
b they used to wear long dresses
c ski resorts
d the first Winter Olympic Games

2 Fais des recherches sur Chamonix et le ski dans les Alpes. Note 10 choses intéressantes.

L'histoire du ski

Le ski n'est pas nouveau. On faisait du ski en Asie il y a quatre mille ans. En 1900, le ski était réservé aux clients riches. Pour les skieuses, ce n'était pas un sport facile. Elles portaient de longues robes et de petites chaussures qui n'étaient pas adaptées à la neige.

Dans les Alpes, les stations de ski – comme Chamonix - se sont développées pendant les années 20. La France a organisé les premiers Jeux Olympiques d'hiver, en 1924, à Chamonix. 294 concurrents de 16 nations différentes ont participé aux jeux. Aujourd'hui, la petite ville de Chamonix est un centre de sports d'hiver très important.

Chemins de Fer de Paris à Lyon & à la Méditerranée
SPORTS D'HIVER
CHAMONIX
(MONT-BLANC)

SAISON D'HIVER : Décembre, Janvier, Février.
SAISON D'ETE : Mars à Octobre.
De PARIS à CHAMONIX en 12 HEURES
De GENÈVE à CHAMONIX en 4 HEURES

20.50   Télé-réalité   🕐 1H 50

Télé-réalité: Le pensionnat de Chavagnes

En 2004, tous les jeudis à 20h50, plus de six millions de Français ont regardé une émission de télé-réalité où 24 adolescents d'aujourd'hui sont remontés dans le temps jusque dans les années 50. Pendant quatre semaines, ces jeunes - qui avaient entre 14 et 16 ans - ont vécu dans un pensionnat où le règlement était très strict. Ils avaient quatre cours principaux: français, histoire-géo, maths et théâtre.

Comme c'était de coutume pendant les années 50, ils portaient l'uniforme de l'école. Les filles devaient porter des jupes longues et des chaussettes hautes. Pour les garçons, c'était des shorts. Les téléspectateurs pouvaient observer comment les jeunes s'adaptaient à une discipline presque militaire et à de nouvelles matières comme le jardinage pour les garçons et le bain du bébé pour les filles.

3 Lis l'article. Réponds en anglais.
a What was the TV programme about?
b What decade of the last century was recreated?
c When was the programme on?
d What were the main lessons?
e What else did the boys learn? And the girls?
f What did the pupils have to wear?

5 Point lecture en plus

1a Lis la BD. Fais deux listes: les verbes à l'imparfait/les verbes au passé composé.

1b Explique la BD en anglais.

Les jours fériés

Un jour férié, c'est un jour spécial où personne ne travaille. En France, il y a 10 jours fériés par an. L'Angleterre est le pays européen qui a le moins de jours fériés, avec seulement 8: l'Italie en a 12, l'Autriche 13, l'Espagne 14, Chypre 16 et la Slovaquie 18! Par contre, en France, si un jour férié est un samedi ou un dimanche, il est perdu parce qu'on ne le reporte pas au lundi comme en Angleterre!

		en France	en Angleterre
janvier	(1er)	le Jour de l'An	le Jour de l'An
mars/avril			le Vendredi Saint
		le Lundi de Pâques	le Lundi de Pâques
mai	(1er)	la Fête du Travail	la Fête du Travail (premier lundi de mai)
	(8)	Fête de la Libération (victoire en 1945)	
		l'Ascension (fête religieuse) (toujours un jeudi)	
			dernier lundi de mai
juillet	(14)	la Fête Nationale	
août	(15)	l'Assomption (fête religieuse)	
			dernier lundi d'août
novembre	(1er)	la Toussaint (fête religieuse)	
	(11)	le 11 Novembre (armistice en 1918)	
décembre	(25)	le Jour de Noël	le Jour de Noël
	(26)		le lendemain de Noël

Quatre jours fériés supplémentaires en Guadeloupe

février/mars	Mardi Gras
	Mercredi des Cendres
27 mai	Fête de l'abolition de l'esclavage
21 juillet	Fête de Victor Schoelcher

1 Lis l'article et réponds en anglais.
  a What is England's position in Europe when it comes to bank holidays?
  b What is better about bank holidays in England than in France?
  c What are the English names for the English bank holidays mentioned?

2 Regarde chaque photo et sa légende (à droite). C'est quel jour férié?

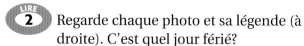
1 trade unions
2 lily of the valley

3 Choisis deux jours fériés. Fais des recherches et écris un paragraphe sur chacun.

Les syndicats ouvriers[1] défilent dans les rues. On s'offre du muguet[2].

On va mettre des fleurs au cimetière.

On décore les rues avec des drapeaux. Il y a des défilés militaires, des bals et des feux d'artifice.

C'est la fête de la Vierge Marie avec des processions et des festivals folkloriques. Les magasins sont fermés.

6 Point lecture en plus

La Fête Nationale: pourquoi le 14 juillet?

Au 18ème siècle, la France était devenue un pays assez riche et une nouvelle classe sociale apparaissait: les bourgeois. Ils avaient de l'argent, ils voyageaient et découvraient des idées nouvelles. Les philosophes commencèrent à parler de justice et d'égalité. Quand, en 1785, la misère[1] réapparut, ils aidèrent le peuple à se révolter contre l'autorité absolue[2] du roi Louis XVI.

Le 14 juillet 1789, Louis XVI écrivit dans son journal: "Mardi quatorze: rien." Les nouvelles ne voyageaient pas vite en 1789! En fait, le peuple de Paris attaquait la prison de la Bastille, symbole de l'injustice du roi. C'était le début de la Révolution et la fin de la monarchie. Partout en France, les paysans[3] attaquèrent les aristocrates et les bourgeois prirent le pouvoir[4]. Le 26 août 1789, on vota la déclaration des Droits de l'Homme et du Citoyen. La France devint une république, et sa devise[5] fut: «liberté, égalité, fraternité». On guillotina Louis XVI et la reine Marie-Antoinette en 1793. Malgré ses idées généreuses, la Révolution se transforma en une guerre civile violente en 1794. Un homme prit la situation en main: Napoléon Bonaparte … mais c'est une autre histoire!

1 extreme poverty
2 absolute power
3 peasants
4 took power
5 motto

1 Lis le texte ci-dessus. Note trois choses que tu savais sur le 14 juillet et trois choses que tu ne savais pas. Compare avec ton/ta partenaire.

2 Fais des recherches et réponds aux questions en anglais.
  a Who was behind the French Revolution? Why?
  b Why do you think they encouraged the people of France to rebel against the monarchy?
  c Where can you still see the motto: "liberté, égalité, fraternité"?
  d What happened when Napoleon took over?

3 Recopie le texte et remplace les verbes au passé simple par des verbes au passé composé.
  Exemple … Les philosophes ont commencé à parler de justice et d'égalité.

4 Lis le texte à droite. Note trois choses que tu trouves surprenantes.

5 "Quelles sont tes fêtes préférées? Pourquoi?" Faites un sondage en classe pour trouver les cinq fêtes préférées et les raisons. Présentez le résultat sur un poster.

Les fêtes préférées des Français

83% des Français disent préférer la fête de Noël, 59% le Nouvel An et 31% Pâques. La fête des Mères arrive en quatrième position et le 14 juillet en cinquième. Pour la majorité des gens, ce sont de bonnes occasions de se retrouver en famille et entre amis et ils aiment ça. Par exemple, 81% des Français célèbrent la fête des Mères (contre 77% pour la fête des Pères et 39% la fête des Grands-Mères, fête commerciale plus récente). Les Français apprécient aussi beaucoup la tradition de Pâques: 76% achètent des chocolats et des confiseries à cette occasion: des œufs en chocolat ou des poissons, des poules, des lapins, etc. 25% achètent des vins et des alcools. Ils achètent plus de chocolats et de confiseries à Pâques qu'à Noël.

Grammaire

Introduction

All languages have grammatical patterns (sometimes called "rules"). Knowing the patterns of French grammar helps you understand how French works. It means you are in control of the language and can use it to say exactly what you want to say, rather than just learning set phrases.

Here is a summary of the main points of grammar covered in *Équipe nouvelle 1, 2* and *3* with some activities to check that you have understood and can use the language accurately.

Glossary of terms

noun   *un nom*
a person, animal, place or thing
Arnaud *achète un* ***jean*** *au* ***supermarché***.

determiner   *un déterminant*
goes before a noun to introduce it
le *chien,* ***un*** *chat,* ***du*** *jambon,* ***mon*** *frère*

singular   *le singulier*
one of something
Le chien *mange* ***un biscuit***.

plural   *le pluriel*
more than one of something
Les filles *font du football.*

pronoun   *un pronom*
a short word used instead of a noun or name
Il *mange un biscuit.* ***Elles*** *jouent au football.*

verb   *un verbe*
a "doing" or "being" word
Je ***parle*** *anglais. Il* ***est*** *blond. On* ***va*** *à la piscine. Nous* ***faisons*** *de la natation.*

adjective   *un adjectif*
a word which describes a noun
Ton frère est ***sympa***. *C'est un appartement* ***moderne***.

preposition   *une préposition*
describes position: where something is
Mon sac est ***sur*** *mon lit. J'habite* ***à*** *Paris.*

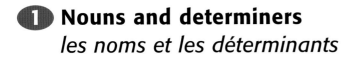

1 Nouns and determiners
les noms et les déterminants

Nouns are the words we use to name people, animals, places or things. They often have a small word, or determiner, in front of them (in English: *a, the, this, my, his,* etc.).

1.1 Masculine or feminine?

All French nouns are either masculine or feminine. To tell if a noun is masculine or feminine, look at the determiner – the word in front:

	Masculine words	Feminine words
a or *an*	un	une
the	le	la

un *sport,* **le** *nez* = masculine
une *question,* **la** *tête* = feminine

Important! When you meet a new noun, learn whether it is masculine or feminine.

Learn	*une pomme*	✓
not	*pomme*	✗

Nouns that end in a consonant are usually masculine.

1.2 Singular or plural?

Most French nouns add -*s* to make them plural, just as in English:
la jambe ⟶ *les jambes*

In French the -*s* at the end of the word is not usually pronounced.

Some nouns do not follow this regular pattern:
- nouns ending in -*s*, -*x* or -*z* usually stay the same:
  le bras ⟶ *les bras*
  le nez ⟶ *les nez*
- nouns ending in -*eau* or -*eu* add -*x*:
  un chapeau ⟶ *des chapeaux*
  un cheveu ⟶ *des cheveux*
- nouns ending in -*al* usually change to -*aux*:
  un animal ⟶ *des animaux*
- a few nouns change completely:
  un œil ⟶ *des yeux*

In front of plural nouns, the determiners (the words for *a* and *the*) change:
un/une ⟶ *des*   *le/la* ⟶ *les*

Natacha mange **une** *banane.*
Natacha mange **des** *bananes.*
Le *professeur a mal à la tête.*
Les *professeurs ont mal à la tête.*

1.3 de + noun

	singular	plural
masculine words	du (*or* de l')	des
feminine words	de la (*or* de l')	des

Use *du, de la, de l'* or *des* + noun to say *some* or *any.*
On a mangé **des** *croissants avec* **de la** *confiture.*
We ate **some** croissants with jam.
Tu as **du** *chocolat?*
Have you got **any** chocolate?

Note: In English, you can often leave out the word *some* or *any*. In French it can never be left out:
On a bu **de l'eau.**
We drank **some water**./We drank **water**.
(For how to say *any* in a negative sentence, see section 7.2.)

1.4 Talking about jobs

As in English, some jobs are the same whether the person is a man or a woman:
un médecin	a doctor
un professeur	a teacher
un/une journaliste	a journalist
un/une secrétaire	a secretary

More often, the French names of jobs are different for men and women:
a hairdresser	*un coiffeur*
	une coiffeuse
a youth worker	*un éducateur*
	une éducatrice
a mechanic	*un mécanicien*
	une mécanicienne
a lawyer	*un avocat*
	une avocate

Saying what job someone does is one of the few times a noun in French does **not** have *le/la/les* or *un/une/des* in front of it:

> *Elle est informaticienne.*
> She's **a** computer scientist.
> *Je voudrais être dentiste.*
> I'd like to be **a** dentist.

A Que dit chaque personne?

Exemple **a** *Je suis professeur.*

a

b

c

d

e

2 Adjectives
les adjectifs

Adjectives are the words we use to describe nouns.

2.1 Form of adjectives

In English, whatever you are describing, the adjective stays exactly the same. In French, the adjective changes to match the word it is describing. Like the noun, it must be either masculine or feminine, singular or plural.

To show this, there are special adjective endings:

	singular	plural
masculine words	add nothing	add *-s*
feminine words	add *-e*	add *-es*

> *mon père est petit*   *mes frères sont petit**s***
> *ma mère est petit**e***   *mes sœurs sont petit**es***

Some adjectives do not follow this regular pattern. For example:

● Adjectives ending in *-s* don't add another in the masculine plural (but they do add *-es* in the feminine plural):
  un pantalon gris
  les cheveux gris ⟶ *les chaussettes gris**es***

● Adjectives that end in *-e* don't add another in the feminine (but they do add *-s* in the plural):
  un frère calme ⟶ *une sœur calme*
  *des enfants calme**s***

● Adjectives ending in *-eur* or *-eux* usually change to *-euse* in the feminine:
  un frère travailleur ⟶ *une sœur travaill**euse***
  un frère courageux ⟶ *une sœur courag**euse***

● A very few adjectives stay the same whether they are masculine or feminine, singular or plural:
  un cousin sympa, une cousine sympa,
  des cousins sympa
  le foot est super, la France est super, les chevaux sont super

● Some adjectives have their own pattern:

singular		plural	
masc.	fem.	masc./mixed	fem.
blanc	blanche	blancs	blanches
bon	bonne	bons	bonnes
gros	grosse	gros	grosses
violet	violette	violets	violettes
beau*	belle	beaux	belles
nouveau*	nouvelle	nouveaux	nouvelles
vieux*	vieille	vieux	vieilles

* become *bel, nouvel, vieil* before a masculine noun that starts with a vowel, e.g. *le nouvel an*

2.2 Position of adjectives

In English, **adjectives** always come before the <u>noun</u> they describe:
a **red** <u>sweatshirt</u>, a **modern** <u>kitchen</u>, **nice** <u>friends</u>.

In French, **adjectives** usually come after the <u>noun</u>:
*un <u>sweat</u> **rouge**, une <u>cuisine</u> **moderne**, des <u>copains</u> **sympa**.*

Some adjectives break this rule of position. The following come before the noun:

grand	*petit*	*gros*
nouveau	*jeune*	*vieux*
beau	*bon*	*mauvais*

*un **nouveau** jean   la **jeune** fille   de **bonnes** idées*

2.3 Comparatives

To compare one thing with another, add *plus* before an adjective (to mean *more*).
The adjective must agree with the noun as usual.

> *Mon frère est **plus** sportif.*
> My brother is **more** sporty.
> *Les chaussures sont **plus** chères ici.*
> The shoes are **more** expensive here.

Use *moins* before the adjective to mean *less*, when comparing two people or things.
> *Il est **moins** intelligent que moi.*
> He is **less** intelligent than me.

2.4 Superlatives

To express an extreme, put *le, la, les* in front of the comparative. The adjective still has to agree with the noun.

> ***le plus haut** monument du monde*
> the **highest** monument in the world
> *la ville **la moins polluée** d'Europe*
> the **least** polluted city in Europe
> *les parents **les plus généreux***
> the **most generous** parents

2.5 Demonstrative adjectives

Ce, cet, cette, ces can be used instead of *un, une, des* or *le, la, les* to say *this/these* or *that/those*.

*Tu aimes **ce** livre?*	Do you like **this** book?
*Je ne connais pas **cette** fille.*	I don't know **that** girl.
*Je prends **ces** chaussures.*	I'll take **these** shoes.

	masculine	feminine
singular	ce (cet*)	cette
plural	ces	ces

* *cet* is used before masculine singular nouns that begin with a vowel or a silent *h* (*cet étage, cet hôtel*)

3 The possessive
la possession

3.1 The possessive of nouns

Use noun + *de* + noun to show who (or what) things belong to:

*les baskets **de Natacha***	**Natacha's** trainers
*les questions **des élèves***	**the pupils'** questions

3.2 Possessive adjectives

These adjectives show who or what something belongs to (**my** bag, **your** CD, **his** brother). They come before the noun they describe, in place of *un/une/des* or *le/la/les*, for example.

Like all adjectives, they match the noun they describe:

	singular		plural
	masculine	feminine*	masculine or feminine
my	mon	ma	mes
your	ton	ta	tes
his/her	son	sa	ses
our	notre	notre	nos
your	votre	votre	vos
their	leur	leur	leurs

*Before a feminine noun that begins with a vowel, use *mon*, *ton*, *son* (*mon imagination, ton amie, son opinion*).
> **Ma** sœur déteste **ton** frère.
> **My** sister hates **your** brother.
> *Il parle avec **sa** grand-mère.*
> He is talking to **his** grandmother.

The words for *his* and *her* are the same (either *son*, *sa* or *ses*, depending on the word that follows).
> *Natacha adore **son** chien.*   Natacha loves **her** dog.
> *Marc adore **son** chien.*   Marc loves **his** dog.

> **B**   Translate into French, using the correct possessive adjectives.
>
> **a**   It's my magazine.
> **b**   Your CD is in her flat.
> **c**   My grandparents are Italian. I love their pizzas!
> **d**   His cousins don't like their teacher.
> **e**   Their mother is a doctor and their father is a teacher.

---

4 Prepositions
les prépositions

These are usually little words which tell you the position of something:

4.1 à

- *à* combines with *le* or *les* in front of the noun to form a completely new word:
  à + le → *au*
  à + les → *aux*

	singular	plural
masculine words	au (*or* à l')	aux
feminine words	à la (*or* à l')	aux

- Time
  Use *à* to say *at* a time:
  *J'ai français **à** quatre heures.*
  I have French **at** four o'clock.

- Places
  Use *à* to say *at*, *in* or *to* a place, combining it with the determiner in masculine or plural:
  *J'habite **à** Paris.*   I live **in** Paris.
  *Je vais **à la** piscine.* I am going **to the** swimming pool.
  *Il est **au** cinéma.*   He's **at the** cinema.

* To say there, use the pronoun *y*. See section 5.3.

- Parts of the body that hurt
  Use *à* in front of the part of the body, combining it with the determiner in masculine or plural:
  *J'ai mal **à la** tête.*   I've got a headache.
  *Max a mal **au** dos.*   Max has backache.
  *Tu as mal **aux** dents?*   Have you got toothache?

4.2 en

- ● Places

  In French, most names of countries are feminine.
  To say *in* or *to* these countries, use the word *en*:

  *Vous allez **en** France?*   Are you going **to** France?
  *J'habite **en** Écosse.*   I live **in** Scotland.

  But: For masculine names of countries, use *au*, and *aux* for plural names (see 4.1).
  *Cardiff est **au** pays de Galles.*
  Cardiff is **in** Wales.
  *Ma cousine va **aux** États-Unis.*
  My cousin's going **to the** United States.

  en ville = in or to town

- ● Means of transport

  Use *en* + name of means of transport to say how you travel:

en *train*	**by** train
en *bus*	**by** bus
en *voiture*	**by** car
en *avion*	**by** plane

  But: For walking or a two-wheeled vehicle, use *à* + means of transport (without a determiner):
  *Il va **à** pied.*   He is walking.
  *Elle va **à** vélo.*   She is going **by** bike.
  *Nous allons **à** mobylette.*   We are going **by** moped.

⑤ Pronouns
les pronoms

A pronoun is a small word used instead of a noun or name. It helps to avoid repetition. For example:
My cat is called Tigger. **He** sleeps in a box.

5.1 Subject pronouns

The subject of a verb tells you who or what is doing the action of the verb. It is usually a noun, but sometimes it is a pronoun. In English, we use the following subject pronouns:

I   you   he   she   it   we   they

I'm learning French. Are **you**?
Annie is learning Italian. **She** loves it.

The French subject pronouns are:

I	=	*je*	
		j'	in front of a vowel or a silent *h*: *j'aime/j'habite*

you	=	*tu*	to a child, a friend or a relative
		vous	to an adult you are not related to, or more than one person

he	=	*il*	for a boy or man
she	=	*elle*	for a girl or woman

it	=	*il*	if the noun it refers to is masculine
		elle	if the noun it refers to is feminine

we	=	*nous*	
		on	used more than *nous* in conversation.

Use *on* when speaking or writing to friends.
Use *nous* when writing more "official" texts.

they	=	*ils*	for a masculine plural / for a mixed group (masculine + feminine)
		elles	for a feminine plural
		on	for people in general

- ● On

  On can mean *you*, *we*, *they* or *one*. It is followed by the form of the verb that follows *il* or *elle*:
  *Chez moi, **on parle** arabe.*
  At home **we speak** Arabic.
  *Au Québec, **on parle** français.*
  In Quebec, **they speak** French.
  *On **a parlé** au téléphone.*
  We spoke on the telephone.
  *On **est allés*** au cinéma.*
  We went to the cinema.

* When *on* means a group of people, verbs that form the *passé composé* with *être* can add *-s* to the past participle after *on* (*-es* if *on* refers to an all-female group).

5.2 Direct object pronouns

Sometimes a pronoun is the object of a verb, not its subject (it has the action done to it).

- The French direct object pronouns are:

*me**	me	*nous*	us
*te**	you	*vous*	you
*lo**	him, it (masc.)	*les*	them
*la**	her, it (fem.)		

* *m', t'* and *l'* before words that start with a vowel or silent *h*

- Object pronouns come immediately before the <u>verb</u>:
  *Ton livre, tu **le** <u>mets</u> dans ton sac pour ne pas **l'**<u>oublier</u>.*
  Your book! Put **it** in your bag so you won't forget **it**.
  *Ta correspondante, tu **la** <u>connais</u> déjà?*
  Your exchange partner, do you already know **her**?
  *Mes repas? Elle **les** <u>mange</u>, mais elle ne **les** <u>aime</u> pas!*
  My meals? She eats **them** but she doesn't like **them**!

- In the perfect tense, they come before the part of *avoir* or *être*, and the past participle agrees with the object pronoun:
  *Ta copine? Je **l'**ai vue hier.*
  Your friend? I saw **her** yesterday.
  *Mes repas? Il ne **les** a pas aimés.*
  My meals? He didn't like **them**.

C Il parlent de quoi?
Exemple   a mes CD

  a Je les écoute de temps en temps.
      mes CD   ma radio
  b Je l'aime bien.
      ma sœur   mes amies
  c Tu ne les écoutes pas?
      ton prof   tes parents
  d Je les oublie souvent à la maison.
      mes devoirs   mon livre
  e Il la prend maintenant.
      sa douche   son petit déjeuner.
  f Ils ne la voient pas souvent.
      leur mère   leurs grands-parents
  g Je l'ai mise sur la table.
      le poulet   la soupe
  h Tu l'as vu?
      les infos   le film

5.3 y

Y is a pronoun which is used instead of *à* + a place. Like the direct object pronouns (see 5.2), *y* goes immediately before the <u>verb</u>:

  *Elle va **à la boucherie**. Elle **y** <u>va</u>.*
  She goes **to the butcher's**. She goes **there**.
  *On va **au parc** pour jouer. On **y** <u>va</u> pour jouer.*
  People go **to the park** to play. People go **there** to play.

D Dis le contraire!
Exemple
Elle ne travaille pas à Vulcania. Si! …
*Si! Elle **y** travaille!*

  a Elle ne passe pas au magasin. Si! …
  b Elles ne sont pas chez Katya. Si! …
  c Il va souvent à la piscine.   Non! …
  d Ils sont en France cette
      semaine.   Non! …
  e Vous mangez dans la cuisine. Non!
                                      Nous …
  f Tu ne manges pas souvent au
      restaurant!   Si! J'…

5.4 Emphatic pronouns

The French emphatic pronouns are:

moi	me, I
toi	you
lui	him, he
elle	her, she
nous	us, we
vous	you
eux	them (masc.), they
elles	them (fem.), they

Use an emphatic pronoun:

● to emphasize a subject pronoun (in English we usually put more emphasis on the pronoun rather than add a word)
Moi, je vais à Vulcania pour mon stage.
Et toi, tu vas où?
I'm going to Vulcania for my work placement. What about you? Where are **you** going?

In front of *on*, use *nous* to emphasize *we*.
Vous ne recyclez pas le papier? Nous, on recycle le papier et le verre.
Don't you recycle paper? **We** recycle paper and glass.

● after prepositions like *devant*, *chez* and *avec*:
Tu rentres chez toi à quelle heure?
What time do you get home?
Tu viens en ville avec moi?
Do you want to come to town with **me**?
Mon père est super. Je m'entends bien avec lui.
My dad is great. I get on well with **him**.

● after *c'est* and *ce sont*:
C'est lui!
It's **him**!
Ce sont elles qui ne travaillent pas!
They're not working!

● as a one-word answer to a question:
Qui joue du piano? Moi!
Who plays the piano? **Me**!
Qui a gagné? Toi!
Who won? **You**!

E Recopie et complète avec le bon pronom.

a ***, je voudrais être journaliste.
b ***, il aimerait devenir informaticien et *** , elle préférerait être médecin.
c Mes sœurs sont sympa et je m'entends bien avec ***.
d ***, tu vas encore au collège, mais ***, il va au lycée.
e J'ai deux cousins sympa et je joue souvent au tennis avec ***.
f Mon père est remarié et je vais chez *** un week-end sur deux.

5.5 Relative pronoun qui

Qui means *who*, *which* or *that*. It is used to link two parts of a sentence to avoid repetition.

Qui can stand for a singular or a plural noun and the <u>verb</u> that follows agrees with the noun that *qui* replaces.

*J'ai un frère. **Mon frère** <u>travaille</u> dans l'informatique.*
*J'ai un frère **qui** <u>travaille</u> dans l'informatique.*
I have a brother **who** works with computers.

*Il y a des livres sur la table. **Les livres sur la table** <u>sont</u> à moi.*
*Il y a des livres **qui** <u>sont</u> à moi sur la table.*
There are some books on the table **that** are mine.

F Transforme les phrases avec le pronom *qui*.
Exemple
J'ai un chien. Mon chien a deux ans.
*J'ai un chien **qui** a deux ans.*

a C'est mon père. Mon père me donne de l'argent de poche.
b Alain, c'est mon grand frère. Mon grand frère est mécanicien.
c Je te présente Anya. Anya fait son stage avec moi.
d Je n'aime pas ma sœur. Ma sœur n'est pas sympa.

6 Verbs

les verbes

Verbs are words that describe what is happening. If you can put *to* in front of a word or *-ing* at the end, it is probably a verb.*

listen – to listen ✓ = a verb
try – to try ✓ = verb
desk – to desk ✗ = not a verb
happy – to happy ✗ = not a verb

* Some words can be nouns as well as verbs, such as *to drink* (verb) and *a drink* (noun).

6.1 The infinitive

Verbs take different forms:
I **do** the dishes every day. Alan **does** too, but you **don't**.

You won't find all the forms of a verb listed in a dictionary. For example, you won't find *does* or *don't*. You have to look up the infinitive, **do**.
Infinitives in French are easy to recognize as they normally end with either *-er*, *-re* or *-ir*. For example: *regarder, prendre, choisir*.

6.2 The present tense

The tense indicates when an action takes place. A verb in the present tense describes an action which is taking place now or takes place regularly.

Je **vais** au collège maintenant. (now)
Je **vais** au collège tous les jours. (every day)

To describe an action, you need a subject (the person or thing doing the action) and a verb.

In English, the ending of the verb changes according to who the subject is:
You eat/She eat**s** We speak/He speak**s**

Verb endings change in French too, for the same reason.

● Regular verbs in the present tense

Most French verbs follow the same pattern. They have regular endings.

Typical endings for verbs that end in *-er*, like *aimer*, in the present tense are:

j'	aim**e**	nous	aim**ons**
tu	aim**es**	vous	aim**ez**
il/elle/on	aim**e**	ils/elles	aim**ent**

Some other verbs which follow the same pattern are: *adorer, arriver, détester, écouter, jouer, parler, regarder*.

Typical endings for verbs that end in *-ir*, like *choisir*, in the present tense are:

je	chois**is**	nous	choisi**ssons**
tu	chois**is**	vous	choisi**ssez**
il/elle/on	chois**it**	ils/elles	choisi**ssent**

Some other verbs which follow the same pattern are: *finir, remplir*.

Typical endings for verbs that end in *-re*, like *vendre*, in the present tense are:

je	vend**s**	nous	vend**ons**
tu	vend**s**	vous	vend**ez**
il/elle/on	vend	ils/elles	vend**ent**

Some other verbs which follow the same pattern are: *attendre, descendre, perdre, répondre*.

● Verbs with spelling changes in the present tense

Some verbs are almost regular, but you need to remember a small spelling variation to the rule.

● Verbs ending in *-ger*, like *manger, nager* and *ranger*, are regular in all but the *nous* form, which adds an extra *-e* to keep the sound of the *g* soft:
*nous mang**e**ons, nag**e**ons, rang**e**ons*
● Verbs ending in *-cer*, like *commencer* or *lancer*, are regular in all but the *nous* form, which changes *c* to *ç* to keep the sound soft:
*nous commen**ç**ons, nous lan**ç**ons*
● Verbs ending in *-eler*, like *appeler*, double the *l* before a silent *-e* (i.e. in all forms except *nous* and *vous*):
*j'appel**l**e, nous appelons*

- Verbs ending in -e + consonant + er, like *acheter*, *lever* and *promener*, change the e of the stem to è before a final e (i.e. in all forms except *nous* and *vous*):

  j'achète, nous achetons; je me lève, nous nous levons; je promène, nous promenons

- **Irregular verbs in the present tense**

  Some verbs do not follow this regular pattern. They are irregular verbs. Find the present tense forms of these useful verbs in the verb tables on pages 154–157 and try to learn them by heart, particularly the ones in bold print:

aller	**avoir**	boire
devoir	dire	dormir
écrire	**être**	**faire**
lire	mettre	partir
pouvoir	prendre	savoir
sortir	venir	voir
vouloir		

> **G** Écris les phrases avec la bonne forme du verbe.
>
> **a** Je (*aller*) en ville, parce que je (*devoir*) acheter un cadeau pour ma grand-mère. C'(*être*) son anniversaire aujourd'hui!
>
> **b** Tu (*faire*) la cuisine, tu (*mettre*) le couvert et puis tu (*pouvoir*) déjeuner.
>
> **c** Je (*promener*) le chien.
>
> **d** Ma grand-mère (*venir*) chez nous et on (*manger*) un gâteau délicieux.
>
> **e** Sophie et moi, on (*prendre*) le bus qui (*partir*) à sept heures et demie.
>
> **f** Ils (*aller*) au lit vers minuit et ils (*dormir*) jusqu'à dix heures du matin.

6.4 The perfect tense

A verb in the perfect tense (*passé composé*) describes an action which happened in the past. There are several ways to translate the *passé composé* in English:

***J'ai regardé** la télé.*
I watched TV. or **I have watched** TV.

For the *passé composé*, you need two parts: the present tense of *avoir* or *être* + the past participle of the main verb. See 6.5, 6.6 and 6.7.

6.5 The past participle

To form the past participle, take the infinitive of the verb and change the ending:

- infinitives ending in -er: past participle ends in -é

  manger ⟶ *mangé*
  parler ⟶ *parlé*

- infinitives ending in -ir: past participle ends in -i

  choisir ⟶ *choisi*
  sortir ⟶ *sorti*

- infinitives ending in -re: past participle ends in -u

  descendre ⟶ *descendu*
  vendre ⟶ *vendu*

There are some exceptions to the above rules. Check the verb tables on pages 154–157 to find them. Learn by heart these common exceptions:

avoir ⟶ *eu*		*être* ⟶ *été*	
écrire ⟶ *écrit*		*faire* ⟶ *fait*	
voir ⟶ *vu*		*boire* ⟶ *bu*	
lire ⟶ *lu*		*venir* ⟶ *venu*	
mettre ⟶ *mis*		*prendre* ⟶ *pris*	
pouvoir ⟶ *pu*		*devoir* ⟶ *dû*	
vouloir ⟶ *voulu*			

> **H** Copy and complete the passage with the correct past participles.
>
> J'ai (*faire*) un échange avec Andrew Wakefield en Angleterre. C'était super! J'ai (*prendre*) le train et le bateau. Pendant le voyage, j'ai (*manger*) un sandwich et j'ai (*lire*) un livre intéressant. J'ai bien (*aimer*) les repas chez les Wakefield! On a (*visiter*) Londres deux fois et on a (*regarder*) un match de cricket à Guildford. J'ai (*voir*) un bon film au cinéma.
> J'ai (*préférer*) la journée au collège. C'était amusant. J'ai (*devoir*) beaucoup parler anglais!

6.6 avoir + past participle

Most verbs form the perfect tense with part of *avoir*:

present	passé composé		
		avoir	past participle
je regarde	j'	ai	regardé
tu regardes	tu	as	regardé
il regarde	il	a	regardé
elle regarde	elle	a	regardé
on regarde	on	a	regardé
nous regardons	nous	avons	regardé
vous regardez	vous	avez	regardé
ils regardent	ils	ont	regardé
elles regardent	elles	ont	regardé

6.7 être + past participle

Some verbs form the perfect tense with *être*, not *avoir*.

present	passé composé		
		être	past participle
j'arrive	je	suis	arrivé(e)
tu arrives	tu	es	arrivé(e)
il arrive	il	est	arrivé
elle arrive	elle	est	arrivée
on arrive	on	est	arrivé(e)(s)
nous arrivons	nous	sommes	arrivé(e)s
vous arrivez	vous	êtes	arrivé(e)(s)
ils arrivent	ils	sont	arrivés
elles arrivent	elles	sont	arrivées

These are mostly verbs that indicate movement from one place to another. You will need to learn by heart which they are.

Try learning them in pairs:

arriver/partir	to arrive/to leave
aller/venir	to go/to come
entrer/sortir	to go in/to go out
monter/descendre	to go up/to go down
rentrer/retourner	to go home/to go back
tomber/rester	to fall/to stay
naître/mourir	to be born/to die

- The ending of the past participle changes when it comes after *être* in the *passé composé*. It agrees with the subject of the verb (masculine/feminine, singular/plural).

Je suis allé en France.
(Il est allé en France.)

Je suis allée en France.
(Elle est allée en France.)

Vous êtes allés en France?
Oui, nous sommes allés en France.
On est allés en France.
(Ils sont allés en France.)

Vous êtes allées en France?
Oui, nous sommes allées en France.
On est allées en France.
(Elles sont allées en France.)

I Copy and make the past participles agree.

a Christine est parti*** le vingt juillet et elle est arrive*** à Paris vers dix heures du soir.

b Pendant son séjour à Paris, elle est allé*** chez Monsieur et Madame Bertillon.

c Christine et Madame Bertillon sont allé*** au théâtre et au cinéma, mais Monsieur Bertillon est resté*** à la maison.

d Il est seulement sorti*** une fois avec Christine: ils sont allé*** au restaurant de la Tour Eiffel. La vue était superbe !

J *Avoir* ou *être*? Choisis la bonne forme pour chaque phrase.

a Pour être en forme, Pierre *** allé au gymnase. Il *** fait de la musculation.

b Aimée *** arrivée à la boum assez tard et elle *** quitté la boum assez tôt.

c Les deux copines *** allées à un concert qui *** commencé à neuf heures.

d Je *** rentré du collège vers cinq heures. J'*** fait mes devoirs et mon copain *** venu chez moi vers sept heures. Nous *** allés au cinéma.

6.8 The imperfect tense

The imperfect tense is used in two different ways in *Équipe nouvelle 3*:

● To say what someone was like or how things were in the past, using *être*:

C'était génial!	It **was** great!
J'étais content(e).	I **was** happy.
Les profs étaient sympa.	The teachers **were** nice.

● To describe an action which used to happen or which happened often in the past:

À l'école primaire, je jouais, je dessinais et j'écoutais des histoires.
At primary school, I **used to play**, **draw** and **listen** to stories.

To form the imperfect tense, take the *nous* form of the verb in the present tense (except *être* – see below) and remove the *-ons*:

jouer → *nous jouons* → *jou-*
aller → *nous allons* → *all-*
faire → *nous faisons* → *fais-*

Then add the correct ending according to who is doing the verb:

faire			
je	fais**ais**	nous	fais**ions**
tu	fais**ais**	vous	fais**iez**
il/elle/on	fais**ait**	ils/elles	fais**aient**

Use the verb tables on pages 154–157 to check the imperfect forms of some common verbs.

There is only one exception to the rule for forming the imperfect: the verb *être*. It uses the same endings, but on the stem *ét-*: *j'étais*, etc. (see page 155).

> **K** Recopie et complète avec *étais*, *était* ou *étaient*.
>
> Le premier jour, au collège, j'*** un peu intimidé. Le collège *** très grand! Mon copain, Theo, *** dans ma classe – quelle chance! Les cours *** intéressants et les profs *** sympa, surtout la prof de français. Elle *** très calme et gentille. Mon premier jour au collège *** super!

> **L** Recopie et complète avec l'imparfait du verbe.
>
> Le week-end, quand j'(*être*) petit, je (*regarder*) la télé, je (*faire*) mes devoirs et je (*jouer*) aussi au football dans le jardin avec ma sœur. Elle (*aimer*) beaucoup ça! Le week-end, mes parents (*être*) toujours fatigués. Papa (*dormir*) jusqu'à midi et Maman (*lire*) souvent des magazines dans le séjour. C'(*être*) toujours calme chez nous !

6.9 Perfect or imperfect?

It can be quite difficult deciding whether to use the perfect or the imperfect tense to talk about the past.

● Use the perfect to talk about one particular event in the past:
Je suis allée à une boum au club de jeunes.
I went to a party at the youth club.
J'ai pris le train.
I **took** the train.

● Use the imperfect if you are describing what something was like or talking about what used to happen or what happened often:
La boum était super.
The party was great.
À l'école primaire, je jouais avec mes copains.
At primary school, I used to play with my friends.

> **M** Choisis le passé composé ou l'imparfait.
>
> Quand *j'ai été / j'étais* petit, *j'allais / je suis allé* chez ma grand-mère tous les week-ends. Elle *a habité / habitait* une petite maison à la campagne. En général, il *a fait / faisait* beau. *Je jouais / J'ai joué* aux petites voitures dans le jardin et ma grand-mère *a lu / lisait* beaucoup d'histoires. On *s'est amusés / s'amusait* et je *n'ai jamais voulu / ne voulais jamais* rentrer à la maison. En 2001, nous *avons passé / passions* un week-end au bord de la mer à Concarneau. On *a joué / jouait* sur la plage toute la journée et le soir, on *a mangé / mangeait* dans un petit restaurant.

6.10 The past historic

The past historic tense is often used instead of the perfect tense to talk about past events in stories or articles. You will rarely hear it spoken or see it used in letters.

Regular past historic forms are formed in the following way:

-er verbs: cross the -er off the infinitive and add the following endings:

je	parl**ai**	nous	parl**âmes**
tu	parl**as**	vous	parl**âtes**
il/elle/on	parl**a**	ils/elles	parl**èrent**

-ir and -re verbs: cross the -ir or -re off the infinitive and add the following endings:

je	fin**is**	nous	fin**îmes**
tu	fin**is**	vous	fin**îtes**
il/elle/on	fin**it**	ils/elles	fin**irent**

6.11 Talking about the future

● To talk about something that is going to happen in the near future:

– Use the present tense with a time indicator, as in English:

Je fais mes devoirs demain.
I'm doing my homework tomorrow.
Il part ce soir.
He leaves this evening.

– Use the present tense of the verb *aller* + infinitive:
*Tu **vas travailler** ce week-end?*
Are you going to work this week-end?
*Ils **vont prendre** le bus à 10 heures.*
They are going to get the bus at 10 o'clock.

● There is also a future tense to talk about what someone will do or what will happen.
The future tense is formed by adding the following endings to the infinitive form of the verb:*

je	regarder**ai**	nous	regarder**ons**
tu	regarder**as**	vous	regarder**ez**
il/elle/on	regarder**a**	ils/elles	regarder**ont**

* if the infinitive ends in -e, take off the e first

There are some exceptions to this rule, where the stem is not the infinitive, e.g. *être – ser-* , *avoir – aur-*, *faire – fer-*. See the verb tables on pages 154–157.

> **N** Écris les phrases avec des verbes au futur.
> *Exemple*
> *Je travaille dans un supermarché.*
> *Je **travaillerai** dans un supermarché.*
>
> **a** On mange à huit heures.
> **b** Nous partons plus tard.
> **c** Ils passent la journée avec leurs copains.
> **d** Je joue au football.
> **e** Elle oublie son argent.
> **f** Vous recyclez les papiers.
> **g** Tu es content.

● If you are talking about future plans which are not certain (wishes, ambitions or dreams), use *je/tu voudrais* + infinitive:
*Je **voudrais être** chanteur.*
I **would like to be** a singer.
*Tu **voudrais habiter** en France?*
Would you **like to live** in France?

6.12 The conditional

Verbs in the conditional are used where in English we use *would* + verb:
*Si j'avais une voiture, **ce serait** super!*
If I had a car, **it would be** great!
***Ils arriveraient** après nous.*
They would arrive after us.

The conditional is formed in a similar way to the future tense in French (see 6.11). To form the conditional, add these endings to the future stem:

je	donner**ais**	nous	donner**ions**
tu	donner**ais**	vous	donner**iez**
il/elle/on	donner**ait**	ils/elles	donner**aient**

O Transforme les infinitifs en conditionnels.

a Si j'avais le temps, je (*regarder*) des DVD.
b Tu (*écouter*) ton baladeur.
c Mon frère (*lire*) son magazine.
d Vous (*manger*) des fruits de mer.
e Si elles étaient riches, elles (*habiter*) une grande maison.
f Nous (*acheter*) du papier recyclé s'il y en avait.

P Translate into French using reflexive verbs.

a He wakes up at seven o'clock.
b We get dressed in the bedroom.
c The boys have a good time at school.
d My mother got up at six o'clock yesterday.
e This morning I got washed in the bathroom.
f The children went to bed before the film.

6.13 Reflexive verbs

Reflexive verbs need a pronoun between the subject and the verb.

subject pronoun verb
Je **me** lève (I get myself up) I get up.
Je **m'** habille (I dress myself) I get dressed.

Some common reflexive verbs: *se laver, se brosser les dents, se réveiller, s'amuser, s'ennuyer, se coucher, se reposer*

● The pronoun changes according to the subject it goes with:

je	+ **me/m'**	nous	+ **nous**
tu	+ **te/t'**	vous	+ **vous**
il/elle/on	+ **se/s'**	ils/elles	+ **se/s'**

(See also 7.4.)

● All reflexive verbs make their perfect tense with *être*. The <u>reflexive pronoun</u> goes in front of the part of *être*:

*Je <u>me</u> **suis** brossé les dents.*
I brushed my teeth.
*Il <u>s</u>'**est** reposé dans le jardin.*
He rested in the garden.

The past participle agrees with the subject in gender and in number:

*Anne s'est couch**ée** de bonne heure.*
Anne went to bed early.
*Ses parents se sont couch**és** plus tard.*
Her parents went to bed later.

6.14 The imperative

The imperative is the form of the verb you use to give someone an order, an instruction or advice:
Eat! Go to bed. Turn left.

When giving an instruction to:
● someone you say *tu* to:
use the *tu* form of the verb, without the *tu* (and no final -*s* for -*er* verbs)

● someone you say *vous* to (or more than one person):
use the *vous* form of the verb, without the *vous*

tu		vous
Mange!	*Eat!*	Mangez!
Tourne à gauche!	*Turn left!*	Tournez à gauche!
Fais du sport!	*Do some sport!*	Faites du sport!
Va au lit.	*Go to bed.*	Allez au lit.
Bois de l'eau.	*Drink water.*	Buvez de l'eau.

To tell someone not to do something, see 7.6.

6.15 Verb + infinitive

Sometimes there are two verbs next to each other in a sentence. The form of **the first verb depends on the subject**, and <u>the second verb is in the infinitive</u>.

***J'aime** <u>aller</u> au cinéma.*	I like going to the cinema.
***Tu dois** <u>faire</u> tes devoirs.*	You must do your homework.
***On préfère** <u>lire</u> ce livre.*	We prefer to read this book.
***Il va** <u>manger</u> une pomme.*	He's going to eat an apple.

- *aller* + infinitive – talking about the future
  Use the present tense of the verb *aller* followed by an infinitive to talk about something that is going to happen in the near future (see 6.11):
  Je vais retrouver *Juliette à six heures.*
  I'm going to meet Juliette at six o'clock.
  Ils vont manger *au restaurant ce soir.*
  They are going to eat at the restaurant this evening.

- *devoir, pouvoir, vouloir*
These verbs are nearly always followed by <u>the infinitive of another verb.</u>
devoir – to have to (I must)
  *Elle **doit** <u>se coucher</u>.*
  She **has to** go to bed.
  *Vous **devez** <u>manger</u> des légumes.*
  You **must** eat vegetables.

pouvoir – to be able to (I can)
  *On **peut** <u>se retrouver</u> demain?*
  Can **we** meet tomorrow ?
  *Je **peux** <u>venir</u> chez toi.*
  I **can** come to your house.

vouloir – to want
  *Tu **veux** <u>rester</u> à la maison?*
  Do you **want** to stay at home?
  *Ils **veulent** <u>écouter</u> des CD.*
  They **want** to listen to CDs.

See the full pattern of these verbs on pages 155–157.

The infinitive is also used:

- after *pour* when it means *in order to*:
  *Je vais en France **pour** <u>apprendre</u> le français.*
  I go to France **to** learn French.

- after *il faut*:
  Il faut <u>faire</u> *tes devoirs.*
  You have to do your homework.

- If there is a verb after *avoir besoin* de:
  *J'**ai besoin de** <u>parler</u> au prof.*
  I **need to** speak to the teacher.

6.16 jouer à/jouer de

To talk about playing games or sport, use *jouer à*:
*J'aime jouer **au** football.*   I like playing football.

To talk about playing a musical instrument, use *jouer de*:
*Je joue **de la** guitare.*   I play the guitar.

Remember:
à + le = **au**   de + le = **du**
à + les = **aux**   de + les = **des**

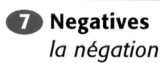

Negatives
la négation

In English, the most common negative form uses the word *not* or *-n't* as in *doesn't, don't, haven't, hasn't*.
In French, you need two words, **ne** and **pas**, which go on either side of the verb (*ne* = *n'* in front of a vowel or a silent *h*):
*Je **ne** suis **pas** français.*   I'm **not** French.
*Elle **n'a pas** de sandales.*   She has**n't** got any sandals.
*On **ne** regarde **pas** la télé.*   We do**n't** watch TV.

7.1 ne ... jamais, ne ... rien, ne ... plus

Some other negatives which also go on either side of the verb:

ne (or *n'*) ... *jamais*	never
ne (or *n'*) ... *rien*	nothing/not anything
ne (or *n'*) ... *plus*	no longer, no more

  *Je **ne** vais **jamais** au cinéma.*
  I **never** go to the cinema.
  *Elle **ne** mange **rien**.*
  She does**n't** eat **anything**.
  *Ils **n'**habitent **plus** en France.*
  They **no longer** live in France.

7.2 Negative + de/d' + noun

If you use *ne ... pas/jamais/plus* with a noun, replace *un/une/des* before the noun with *de* (or *d'* in front of a vowel or a silent *h*):

  *Il **n'**y a **pas** de pizza/fromage/chips.*
  There is**n't** any pizza/cheese/there are**n't** any crisps.
  *On **n'**a **plus** de chocolat.*
  We have**n't** got **any more** chocolate.
  *Je **n'**ai **jamais** d'argent.*
  I **never** have **any** money.

7.3 Ne ... que

The negatives *ne ... que* either side of the verb mean *only*:

>*Je n'ai que deux euros.*
>I've **only** got two euros.
>*Ils ne mangent que des légumes.*
>They **only** eat vegetables.

7.4 Negative + reflexive verbs

To use reflexive verbs in the negative, put *ne* before <u>the pronoun</u> and *pas/plus/jamais* after the verb:

>*Je m'amuse bien. Et toi?*
>I'm having fun. How about you?
>*Moi, je **ne** m'amuse **pas**.*
>I'm not having fun.

7.5 Negative + perfect tense

In the perfect tense, *ne* or *n'* and *pas/plus/jamais/rien* go either side of the auxiliary (the part of *avoir* or *être*):

>*Je **n'ai pas** fait la vaisselle.*
>I haven't washed up.
>*On **n'a rien** mangé.*
>We haven't eaten anything.
>*Ils **ne** sont **jamais** partis.*
>They never left.
>*Tu **ne** t'es **pas** lavé?*
>Haven't you had a wash?

Q   Réponds aux questions.
Exemple
Tu as fait tes devoirs? Non, (pas)
Non, je n'ai pas fait mes devoirs.

  a   Tu as habité à Paris? Non, (*jamais*)
  b   Il a acheté une chemise? Non, (*rien*)
  c   Tu as écouté ton baladeur? Non, (*pas*)
  d   Tu as bu du champagne? Non, (*jamais*)

7.6 Negative + imperative

To form a negative instruction or piece of advice, put *ne* or *n'* and *pas/plus/rien/jamais* either side of the verb:

***Ne* fume *pas*!**	Don't smoke!
***Ne* mangez *jamais* de bonbons!**	Never eat sweets!

7.7 Negative + verb + infinitive

Ne/N' and *pas* go either side of the first verb:

>*Je **n'aime pas** aller à la pêche.*
>I don't like going fishing.
>*On **ne** peut **pas** faire les courses.*
>We can't do the shopping.

---

8 Asking questions

You can ask questions by:
- making your voice go up at the end:

Tu aimes le chocolat.	*Tu aimes le chocolat?*
You like chocolate.	Do you like chocolate?

- starting with *est-ce que* ... :
>***Est-ce que** tu vas au cinéma?*
>Are you going to the cinéma?
>***Est-ce qu'**il y a un bon film?*
>Is there a good film on?

- using question words:
  - **combien**

Ça fait combien?	How much is it?
Tu es resté combien de temps?	How long did you stay?

  - **comment**

C'était comment?	What was it like?
Tu as voyagé comment?	How did you travel?
Elle est comment?	What does she look like?

  - **où**

Tu es allé où?	Where did you go?

  - **pourquoi**

Tu n'es pas venu. Pourquoi?	You didn't come. Why?

  - **qu'est-ce que**

Qu'est-ce que tu as fait?	What did you do?

  - **quand**

Tu es parti quand?	When did you leave?

  - **quel/quelle**

Tu as quel âge?	How old are you?
Il est quelle heure?	What time is it?

  - **qui**

C'est qui?	Who is it?
Qui aime l'uniforme scolaire?	Who likes school uniform?

9 **Verb tables**

Infinitive	Present	Perfect	Imperfect	Future
-er verbs				
parler *(to speak)*	je parle	j'ai parlé	je parlais	je parlerai
	tu parles	tu as parlé	tu parlais	tu parleras
	il parle	il a parlé	il parlait	il parlera
	nous parlons	nous avons parlé	nous parlions	nous parlerons
	vous parlez	vous avez parlé	vous parliez	vous parlerez
	ils parlent	ils ont parlé	ils parlaient	ils parleront
-ir verbs				
finir *(to finish)*	je finis	j'ai fini	je finissais	je finirai
	tu finis	tu as fini	tu finissais	tu finiras
	il finit	il a fini	il finissait	il finira
	nous finissons	nous avons fini	nous finissions	nous finirons
	vous finissez	vous avez fini	vous finissiez	vous finirez
	ils finissent	ils ont fini	ils finissaient	ils finiront
-re verbs				
vendre *(to sell)*	je vends	j'ai vendu	je vendais	je vendrai
	tu vends	tu as vendu	tu vendais	tu vendras
	il vend	il a vendu	il vendait	il vendra
	nous vendons	nous avons vendu	nous vendions	nous vendrons
	vous vendez	vous avez vendu	vous vendiez	vous vendrez
	ils vendent	ils ont vendu	ils vendaient	ils vendront
reflexive verbs				
se coucher *(to go to bed)*	je me couche	je me suis couché(e)	je me couchais	je me coucherai
	tu te couches	tu t'es couché(e)	tu te couchais	tu te coucheras
	il se couche	il s'est couché	il se couchait	il se couchera
	elle se couche	elle s'est couchée	elle se couchait	elle se couchera
	nous nous couchons	nous nous sommes couché(e)s	nous nous couchions	nous nous coucherons
	vous vous couchez	vous vous êtes couché(e)(s)	vous vous couchiez	vous vous coucherez
	ils se couchent	ils se sont couchés	ils se couchaient	ils se coucheront
	elles se couchent	elles se sont couchées	elles se couchaient	elles se coucheront

Infinitive	Present	Perfect	Imperfect	Future
irregular verbs				
aller	je vais	je suis allé(e)	j'allais	j'irai
(to go)	tu vas	tu es allé(e)	tu allais	tu iras
	il va	il est allé	il allait	il ira
	elle va	elle est allée	elle allait	elle ira
	nous allons	nous sommes allé(e)s	nous allions	nous irons
	vous allez	vous êtes allé(e)(s)	vous alliez	vous irez
	ils vont	ils sont allés	ils allaient	ils iront
	elles vont	elles sont allées	elles allaient	elles iront
avoir	j'ai	j'ai eu	j'avais	j'aurai
(to have)	tu as	tu as eu	tu avais	tu auras
	il a	il a eu	il avait	il aura
	nous avons	nous avons eu	nous avions	nous aurons
	vous avez	vous avez eu	vous aviez	vous aurez
	ils ont	ils ont eu	ils avaient	ils auront
boire	je bois	j'ai bu	je buvais	je boirai
(to drink)	tu bois	tu as bu	tu buvais	tu boiras
	il boit	il a bu	il buvait	il boira
	nous buvons	nous avons bu	nous buvions	nous boirons
	vous buvez	vous avez bu	vous buviez	vous boirez
	ils boivent	ils ont bu	ils buvaient	ils boiront
devoir	je dois	j'ai dû	je devais	je devrai
(to have to/must)	tu dois	tu as dû	tu devais	tu devras
	il doit	il a dû	il devait	il devra
	nous devons	nous avons dû	nous devions	nous devrons
	vous devez	vous avez dû	vous deviez	vous devrez
	ils doivent	ils ont dû	ils devaient	ils devront
dire	je dis	j'ai dit	je disais	je dirai
(to say)	tu dis	tu as dit	tu disais	tu diras
	il dit	il a dit	il disait	il dira
	nous disons	nous avons dit	nous disions	nous dirons
	vous dites	vous avez dit	vous disiez	vous direz
	ils disent	ils ont dit	ils disaient	ils diront
dormir	je dors	j'ai dormi	je dormais	je dormirai
(to sleep)	tu dors	tu as dormi	tu dormais	tu dormiras
	il dort	il a dormi	il dormait	il dormira
	nous dormons	nous avons dormi	nous dormions	nous dormirons
	vous dormez	vous avez dormi	vous dormiez	vous dormirez
	ils dorment	ils ont dormi	ils dormaient	ils dormiront
écrire	j'écris	j'ai écrit	j'écrivais	j'écrirai
(to write)	tu écris	tu as écrit	tu écrivais	tu écriras
	il écrit	il a écrit	il écrivait	il écrira
	nous écrivons	nous avons écrit	nous écrivions	nous écrirons
	vous écrivez	vous avez écrit	vous écriviez	vous écrirez
	ils écrivent	ils ont écrit	ils écrivaient	ils écriront

Infinitive	Present	Perfect	Imperfect	Future
être	je suis	j'ai été	j'étais	je serai
(to be)	tu es	tu as été	tu étais	tu seras
	il est	il a été	il était	il sera
	nous sommes	nous avons été	nous étions	nous serons
	vous êtes	vous avez été	vous étiez	vous serez
	ils sont	ils ont été	ils étaient	ils seront
faire	je fais	j'ai fait	je faisais	je ferai
(to do/make)	tu fais	tu as fait	tu faisais	tu feras
	il fait	il a fait	il faisait	il fera
	nous faisons	nous avons fait	nous faisions	nous ferons
	vous faites	vous avez fait	vous faisiez	vous ferez
	ils font	ils ont fait	ils faisaient	ils feront
lire	je lis	j'ai lu	je lisais	je lirai
(to read)	tu lis	tu as lu	tu lisais	tu liras
	il lit	il a lu	il lisait	il lira
	nous lisons	nous avons lu	nous lisions	nous lirons
	vous lisez	vous avez lu	vous lisiez	vous lirez
	ils lisent	ils ont lu	ils lisaient	ils liront
mettre	je mets	j'ai mis	je mettais	je mettrai
(to put (on))	tu mets	tu as mis	tu mettais	tu mettras
	il met	il a mis	il mettait	il mettra
	nous mettons	nous avons mis	nous mettions	nous mettrons
	vous mettez	vous avez mis	vous mettiez	vous mettrez
	ils mettent	ils ont mis	ils mettaient	ils mettront
partir	je pars	je suis parti(e)	je partais	je partirai
(to leave,	tu pars	tu es parti(e)	tu partais	tu partiras
go away)	il part	il est parti	il partait	il partira
	elle part	elle est partie	elle partait	elle partira
	nous partons	nous sommes parti(e)s	nous partions	nous partirons
	vous partez	vous êtes parti(e)(s)	vous partiez	vous partirez
	ils partent	ils sont partis	ils partaient	ils partiront
	elles partent	elles sont parties	elles partaient	elles partiront
pouvoir	je peux	j'ai pu	je pouvais	je pourrai
(to be able	tu peux	tu as pu	tu pouvais	tu pourras
to, can)	il peut	il a pu	il pouvait	il pourra
	nous pouvons	nous avons pu	nous pouvions	nous pourrons
	vous pouvez	vous avez pu	vous pouviez	vous pourrez
	ils peuvent	ils ont pu	ils pouvaient	ils pourront
prendre	je prends	j'ai pris	je prenais	je prendrai
(to take)	tu prends	tu as pris	tu prenais	tu prendras
	il prend	il a pris	il prenait	il prendra
	nous prenons	nous avons pris	nous prenions	nous prendrons
	vous prenez	vous avez pris	vous preniez	vous prendrez
	ils prennent	ils ont pris	ils prenaient	ils prendront

Infinitive	Present	Perfect	Imperfect	Future
savoir *(to know)*	je sais tu sais il sait nous savons vous savez ils savent	j'ai su tu as su il a su nous avons su vous avez su ils ont su	je savais tu savais il savait nous savions vous saviez ils savaient	je saurai tu sauras il saura nous saurons vous saurez ils sauront
sortir *(to go out)*	je sors tu sors il sort elle sort nous sortons vous sortez ils sortent elles sortent	je suis sorti(e) tu es sorti(e) il est sorti elle est sortie nous sommes sorti(e)s vous êtes sorti(e)(s) ils sont sortis elles sont sorties	je sortais tu sortais il sortait elle sortait nous sortions vous sortiez ils sortaient elles sortaient	je sortirai tu sortiras il sortira elle sortira nous sortirons vous sortirez ils sortiront elles sortiront
venir *(to come)*	je viens tu viens il vient elle vient nous venons vous venez ils viennent elles viennent	je suis venu(e) tu es venu(e) il est venu elle est venue nous sommes venu(e)s vous êtes venu(e)(s) ils sont venus elles sont venues	je venais tu venais il venait elle venait nous venions vous veniez ils venaient elles venaient	je viendrai tu viendras il viendra elle viendra nous viendrons vous viendrez ils viendront elles viendront
voir *(to see)*	je vois tu vois il voit nous voyons vous voyez ils voient	j'ai vu tu as vu il a vu nous avons vu vous avez vu ils ont vu	je voyais tu voyais il voyait nous voyions vous voyiez ils voyaient	je verrai tu verras il verra nous verrons vous verrez ils verront
vouloir *(to want)*	je veux tu veux il veut nous voulons vous voulez ils veulent	j'ai voulu tu as voulu il a voulu nous avons voulu vous avez voulu ils ont voulu	je voulais tu voulais il voulait nous voulions vous vouliez ils voulaient	je voudrai tu voudras il voudra nous voudrons vous voudrez ils voudront

Answers to grammar activities

A

b Je suis médecin.

c Je suis coiffeur.

d Je suis informaticienne.

e Je suis mécanicien.

f Je suis actrice.

B

a C'est mon magazine.

b Ton CD est dans son appartement.

c Mes grands-parents sont italiens. J'adore leurs pizzas!

d Ses cousins/cousines n'aiment pas leur professeur.

e Leur mère est médecin et leur père est professeur.

C

b ma sœur

c tes parents

d mes devoirs

e sa douche

f leur mère

g la soupe

h le film

D

a Si! Elle y passe.

b Si! Elles y sont.

c Non! Il n'y va pas souvent.

d Non! Ils n'y sont pas cette semaine.

e Non! Nous n'y mangeons pas.

f Si! J'y mange souvent.

E

a **Moi**, je voudrais être journaliste.

b **Lui**, il aimerait devenir informaticien et **elle**, elle préférerait être médecin.

c Mes sœurs sont sympa et je m'entends bien avec **elles**.

d **Toi**, tu vas encore au collège, mais **lui**, il va au lycée.

e J'ai deux cousins sympa et je joue souvent au tennis avec **eux**.

f Mon père est remarié et je vais chez **lui** un week-end sur deux.

F

a C'est mon père qui me donne de l'argent de poche.

b Alain est mon grand frère qui est mécanicien.

c Je te présente Anya qui fait son stage avec moi.

d Je n'aime pas ma sœur qui n'est pas sympa.

G

a Je **vais** en ville, parce que je **dois** acheter un cadeau pour ma grand-mère. C'**est** son anniversaire aujourd'hui!

b Tu **fais** la cuisine, tu **mets** le couvert et puis tu **peux** déjeuner.

c Je **promène** le chien.

d Ma grand-mère **vient** chez nous et on **mange** un gâteau délicieux.

e Sophie et moi, on **prend** le bus qui **part** à sept heures et demie.

f Ils **vont** au lit vers minuit et ils **dorment** jusqu'à dix heures du matin.

H

J'ai **fait** un échange avec Andrew Wakefield en Angleterre. C'était super! J'ai **pris** le train et le bateau. Pendant le voyage, j'ai **mangé** un sandwich et j'ai **lu** un livre intéressant. J'ai bien **aimé** les repas chez les Wakefield! On a **visité** Londres deux fois et on a **regardé** un match de cricket à Guildford. J'ai **vu** un bon film au cinéma. J'ai **préféré** la journée au collège. C'était amusant. J'ai **dû** beaucoup parler anglais!

I

a Christine est **partie** le vingt juillet et elle est **arrivée** à Paris vers dix heures du soir.

b Pendant son séjour à Paris, elle est **allée** chez Monsieur et Madame Bertillon.

c Christine et Madame Bertillon sont **allées** au théâtre et au cinéma, mais Monsieur Bertillon est **resté** à la maison.

d Il est seulement **sorti** une fois avec Christine: ils sont **allés** au restaurant de la Tour Eiffel. La vue était superbe !

J

a Pour être en forme, Pierre **est** allé au gymnase. Il **a** fait de la musculation.

b Aimée **est** arrivée à la boum assez tard et elle **a** quitté la boum assez tôt.

c Les deux copines **sont** allées à un concert qui **a** commencé à neuf heures.

d Je **suis** rentré du collège vers cinq heures. J'**ai** fait mes devoirs et mon copain **est** venu chez moi vers sept heures. Nous **sommes** allés au cinéma.

K

Le premier jour, au collège, j'**étais** un peu intimidé. Le collège **était** très grand! Mon copain, Theo, **était** dans ma classe – quelle chance! Les cours **étaient** intéressants et les profs **étaient** sympa, surtout la prof de français. Elle **était** très calme et gentille. Mon premier jour au collège **était** super!

L

Le week-end, quand j'**étais** petit, je **regardais** la télé, je **faisais** mes devoirs et je **jouais** aussi au football dans le jardin avec ma sœur. Elle **aimait** beaucoup ça! Le week-end, mes parents **étaient** toujours fatigués. Papa **dormait** jusqu'à midi et Maman **lisait** souvent des magazines dans le séjour. C'**était** toujours calme chez nous!

M

Quand j'**étais** petit, j'**allais** chez ma grand-mère tous les week-ends. Elle **habitait** une petite maison à la campagne. En général, il **faisait** beau. **Je jouais** aux petites voitures dans le jardin et ma grand-mère **lisait** beaucoup d'histoires. On **s'amusait** et je **ne voulais jamais** rentrer à la maison. En 2001, nous **avons passé** un week-end au bord de la mer à Concarneau. On **a joué** sur la plage toute la journée et le soir, on **a mangé** dans un petit restaurant.

N

a On **mangera** à huit heures.

b Nous **partirons** plus tard.

c Ils **passeront** la journée avec leurs copains.

d Je **jouerai** au football.

e Elle **oubliera** son argent.

f Vous **recyclerez** les papiers.

g Tu **seras** content.

O

a Si j'avais le temps, je **regarderais** des DVD.

b Tu **écouterais** ton baladeur.

c Mon frère **lirait** son magazine.

d Vous **mangeriez** des fruits de mer.

e Si elles étaient riches, elles **habiteraient** une grande maison.

f Nous **acheterions** du papier recyclé, s'il y en avait.

P

a Il se réveille à sept heures.

b Nous nous habillons dans la chambre.

c Les garçons s'amusent au collège.

d Ma mère s'est levée à six heures hier.

e Ce matin, je me suis lavé(e) dans la salle de bains.

f Les enfants se sont couchés avant le film.

Q

a Non, je n'ai jamais habité à Paris.

b Non, il n'a rien acheté.

c Non, je n'ai pas écouté mon baladeur.

d Non, je n'ai jamais bu de champagne.

Quiz on pages 8 and 9

1 c
2 c
3 a
4 b
5 b
6 c
7 a, b, c
8 c
9 a
10 a

Expressions utiles

Expressions of time

The present — le présent

today	aujourd'hui
now	maintenant
this morning	ce matin
this afternoon	cet après-midi
this evening	ce soir
this week	cette semaine
this weekend	ce week-end
this summer	cet été
this year	cette année
in general	en général
generally	généralement
normally	normalement

Frequency — la fréquence

in the mornings	le matin
in the afternoons	l'après-midi
in the evenings	le soir
on Saturday evenings	le samedi soir
from time to time	de temps en temps
rarely	rarement
often	souvent
every day	tous les jours
every morning	tous les matins
once a week	une fois par semaine
twice a day	deux fois par jour
three times a month	trois fois par mois

The past — le passé

yesterday	hier
the day before yesterday	avant-hier
last night/yesterday evening	hier soir
last week	la semaine dernière
last weekend	le week-end dernier
last summer	l'été dernier
last year	l'année dernière
on Saturday morning	samedi matin
on Sunday afternoon	dimanche après-midi
on Monday evening	lundi soir
the next day	le lendemain
the day after tomorrow	après-demain

The future — le futur

tomorrow	demain
tomorrow evening	demain soir
next week	la semaine prochaine
next weekend	le week-end prochain
next summer	l'été prochain
next year	l'année prochaine
next Saturday	samedi prochain

Celebrations — les fêtes

birth	une naissance
birthday	un anniversaire
engagement	les fiançailles
wedding	un mariage
wedding anniversary	un anniversaire de mariage
April Fool's Day	le Premier avril
Christmas	Noël
New Year's Day	le Nouvel An
Epiphany	la fête des Rois
Easter	Pâques
Mother's Day	la fête des mères
Eid-el-fitr	l'Aïd-el-Fitr

Days — les jours de la semaine

Monday	lundi
Tuesday	mardi
Wednesday	mercredi
Thursday	jeudi
Friday	vendredi
Saturday	samedi
Sunday	dimanche

Months — les mois

January	janvier
February	février
March	mars
April	avril
May	mai
June	juin
July	juillet
August	août
September	septembre
October	octobre
November	novembre
December	décembre

Dates   *les dates*

Use *le* before the number in dates:

Patrick was born on 9th January.
*Patrick est né **le** neuf janvier.*
in 1995 *en 1995 (mille neuf cent quatre-vingt quinze)*
in 2006 *en 2006 (deux mille six)*

Seasons   *les saisons*

in spring	*au printemps*
in summer	*en été*
in autumn	*en automne*
in winter	*en hiver*

The time   *l'heure*

What time is it?	*Il est quelle heure?*
It is one o'clock.	*Il est une heure.*
What time is it at?	*C'est à quelle heure?*
It is at one o'clock.	*C'est à une heure.*

It's 7 pm (19.00)	*Il est dix-neuf heures.*
It's 1.15 pm (13.15).	*Il est treize heures quinze.*
It's 10.30 pm (22.30).	*Il est vingt-deux heures trente.*
It's 3.45 pm (15.45).	*Il est quinze heures quarante-cinq.*

Il est …

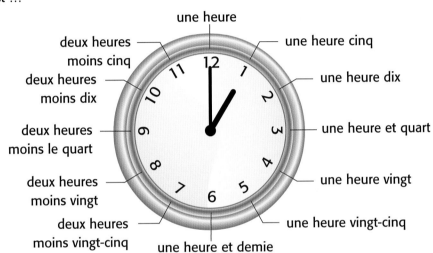

Il est midi.

Il est minuit.

Numbers   *les nombres*

0	zéro	19	dix-neuf	74	soixante-quatorze
1	un	20	vingt	75	soixante-quinze
2	deux	21	vingt et un	76	soixante-seize
3	trois	22	vingt-deux	77	soixante-dix-sept
4	quatre	23	vingt-trois	78	soixante-dix-huit
5	cinq	24	vingt-quatre	79	soixante-dix-neuf
6	six	25	vingt-cinq	80	quatre-vingts
7	sept	26	vingt-six	81	quatre-vingt-un
8	huit	27	vingt-sept	82	quatre-vingt-deux, …
9	neuf	28	vingt-huit	90	quatre-vingt-dix
10	dix	29	vingt-neuf	91	quatre-vingt-onze, …
11	onze	30	trente	100	cent
12	douze	40	quarante	101	cent un
13	treize	50	cinquante	102	cent deux
14	quatorze	60	soixante	200	deux cents
15	quinze	70	soixante-dix	201	deux cent un, …
16	seize	71	soixante et onze	1 000	mille
17	dix-sept	72	soixante-douze		
18	dix-huit	73	soixante-treize		

Greetings

Hello	*Bonjour*
	Salut (to a friend)
Hello (after about 6.00 pm)	*Bonsoir*
Good night	
(when going to bed)	*Bonne nuit*
Goodbye	*Au revoir*
	Salut (to a friend)

The French tend to use *monsieur/madame* in greetings:
Bonjour, monsieur. (e.g. to a shopkeeper)
Bonjour, madame.

Here's (my family).	*Voici (ma famille).*
Let me introduce …	*Je te présente …*
Welcome to Strasbourg.	*Bienvenue à Strasbourg.*
How are you?	*Ça va?*
I'm fine thanks.	*Ça va bien, merci.*

Polite expressions

Please. (to an adult, someone unfamiliar)	*S'il vous plaît.*
Please. (to a friend)	*S'il te plaît.*
Thank you (very much).	*Merci (beaucoup).*
No thanks, I'm fine.	*Non, merci, ça va.*
Could you lend me a/some …, please?	*Tu peux/Vous pouvez me prêter un/une/du …, s'il te plaît?*

Connectives

Connectives link phrases and sentences together.

after, afterwards	*après*
also	*aussi*
and	*et*
because, as	*parce que, car*
but	*mais*
first of all	*d'abord*
however	*pourtant*
if	*si*
in addition	*en plus*
like, as	*comme*
on the other hand	*par contre*
or	*ou*
so, then	*alors*
that (I think that …)	*que (je pense que …)*
then	*ensuite, puis*
when	*quand*

Countries *les pays*

Australia	*l'Australie*
Austria	*L'Autriche*
Belgium	*la Belgique*
Burkina Faso	*le Burkina Faso*
Canada	*le Canada*
England	*l'Angleterre*
France	*la France*
Germany	*l'Allemagne*
Great Britain	*la Grande-Bretagne*
Greece	*la Grèce*
Guadeloupe	*la Guadeloupe*
India	*l'Inde*
Ireland	*l'Irlande*
Northern Ireland	*l'Irlande du nord*
Italy	*l'Italie*
Japan	*le Japon*
Luxembourg	*le Luxembourg*
Netherlands	*les Pays-Bas*
New Caledonia	*la Nouvelle-Calédonie*
Scotland	*l'Écosse*
Spain	*l'Espagne*
Switzerland	*la Suisse*
the United States	*les États-Unis*
Wales	*le pays de Galles*
the West Indies	*les Antilles*

Quantities *les quantités*

See grammar section 1.3 for how to say *some* and *any*.

a bottle of (lemonade)	*une bouteille de (limonade)*
a litre of (mineral water)	*un litre d'(eau minérale)*
a glass of (milk)	*un verre de (lait)*
a packet of (sugar)	*un paquet de (sucre)*
a tin of (tuna)	*une boîte de (thon)*
a kilo of (potatoes)	*un kilo de (pommes de terre)*
100g of (cheese)	*100 grammes de (fromage)*
a slice of (ham)	*une tranche de (jambon)*
a slice/portion of (pizza)	*une part de (pizza)*

Glossaire   français–anglais

adj	adjective
nf	feminine noun
nm	masculine noun
pl	plural noun
v	verb

A

il/elle/on a he/she/one has
à at, in, to
d' abord first
d' accord OK, agreed, in agreement
l' accueil *nm* the reception desk
acheter *v* to buy
un acra *nm* a spicy fish nugget
un acteur *nm* an actor (male)
une actrice (de théâtre) *nf* an actress (in the theatre)
un/une adolescent(e) *nm/f* a teenager
adorer *v* to love
s' affoler *v* to panic
un(e) Africain/Africaine *nm/f* African
l' âge *nm* the age
âgé/âgée *adj* old
âgé de 11 ans 11 years old
un agent de police *nm* a policeman
agir *v* to take action
agité/agitée *adj* rough (sea)
l' agneau *nm* lamb
agréable *adj* pleasant
agricole *adj* agricultural
j' ai I have
aider *v* to help
aimer *v* to like, to love
j' aimerais (bien) I'd like
algérien/algérienne *adj* Algerian
un aliment *nm* a foodstuff
je suis allé(e) I went
allemand/allemande *adj* German
l' Allemagne *nf* Germany
aller *v* to go
allergique *adj* allergic
Allez. Go; Oh, go on.
Allô. Hello. (on the phone)
allumé/allumée *adj* switched on
alors so, then
l' ambiance *nf* the atmosphere
une ambition *nf* an ambition
améliorer *v* to improve
américain/américaine *adj* american
l' Amérique du Sud *nf* South America
un ami *nm* a friend (male)
une amie *nf* a friend (female)
amusant/amusante *adj* fun
s' amuser *v* to have a good time, enjoy yourself
un an *nm* a year

un ananas *nm* a pineapple
ancien/ancienne *adj* old, former
anglais/anglaise *adj* English
un animal (des animaux) *nm* an animal (animals)
animé/animée *adj* bustling, lively
une année *nf* a year
les années 50 the '50s
un anniversaire *nm* a birthday, anniversary
une annonce *nf* an advertisement
une petite annonce *nf* a classified advertisement
annuler *v* to cancel
les Antilles *nf pl* the West Indies
une antilope *nf* an antelope
apparaître *v* to appear
un appartement *nm* a flat
appeler *v* to call
s' appeler *v* to be called
apporter *v* to bring
apprendre *v* to learn
appris learnt
après after
l' après-midi *nm/f* the afternoon
l' arabe *nm* Arabic
un arbre *nm* a tree
un arbre généalogique a family tree
les arènes romaines *nf pl* the Roman amphitheatre
l' argent (de poche) *nm* the (pocket) money
s' arrêter *v* to stop
arriver *v* to arrive
tu as you have
l' Asie *nf* Asia
assez rather; enough
une assiette *nf* a plate
atroce *adj* dreadful
attendre *v* to wait
Attention! Be careful!
au at, in, to (the)
aujourd'hui today
aussi also, too
aussitôt at once
autant de as many
un autobus *nm* a bus
l' automne *nm* autumn
une autoroute *nf* a motorway
autre other
l' Autriche *nf* Austria
aux at, to, in (the)
ils/elles avaient they had
il/elle avait he/she had

il y avait there was
en avance early
avant before
avant-hier the day before yesterday
les avants *nm pl* the strikers
avec with
vous avez you have
un avion *nm* a plane
un avis *nm* an opinion
à mon avis in my opinion
un avocat *nm* a lawyer (male)
une avocate *nf* a lawyer (female)
avoir *v* to have
nous avons we have

B

les babioles *nf pl* bits and pieces
un/une baby-sitter *nm/f* a babysitter
le baby-sitting *nm* babysitting
un bain *nm* a bath
baisser *v* to lower, turn down
un bal *nm* a ball
un baladeur *nm* a personal stereo
une baleine *nf* a whale
une banane *nf* a banana
la bande dessinée *nf* the strip cartoon, comic
la banlieue *nf* the suburbs
la banque *nf* the bank
le baptême *nm* the christening
la bar mitsva *nf* the bar mitzvah
bas low down
le basket *nm* basketball
des baskets *nf pl* trainers
il bat it beats
un bateau *nm* a boat
un bâtiment *nm* a building
battre *v* to beat
battu/battue beaten
bavard/bavarde *adj* chatty
la BD *nf* see **bande dessinée**
beau/belle *adj* beautiful
il fait beau it's fine weather
un beau-père *nm* a step-father
beaucoup a lot
un bébé *nm* a baby
un beignet *nm* a doughnut
la Belgique *nf* Belgium
une belle-mère *nf* a step-mother
ben well, yeah
j'ai besoin de I need to, have to
bête *adj* stupid
le béton *nm* concrete
Beurk! Yuk!

une **bibliothèque** *nf* a library
bien well, good
bien payé/payée *adj* well-paid
bien sûr of course
bientôt soon
bienvenue welcome
les **bijoux** *nm pl* jewellery
bilingue *adj* bilingual
blanc/blanche *adj* white
bleu-ciel *adj* sky-blue
blond/blonde *adj* blond
un **blouson (en cuir)** *nm* a (leather) bomber jacket
Bof! So so. Dunno!
boire *v* to drink
une **boisson** *nf* a drink
une **boîte** *nf* a box, a tin; a nightclub
un **bol** *nm* a bowl
bon/bonne *adj* good
un **bonbon** *nm* a sweet
au **bord de la mer** at the seaside
le **bord** *nm* edge, coast
la **boucherie** *nf* the butcher's
une **bougie** *nf* a candle
la **boulangerie** *nf* the baker's
un **boulot** *nm* a job
  un petit boulot a part-time job
une **bouteille** *nf* a bottle
le **bowling** *nm* the bowling (alley)
le **Brésil** *nm* Brazil
la **Bretagne** *nf* Brittany
le **breton** *nm* Breton (language)
breton/bretonne *adj* Breton
un **Breton** *nm* a Breton (inhabitant of Brittany)
une **Bretonne** *nf* a Breton woman
la **brit mila** *nf* the brit milah
une **brosse à cheveux** *nf* a hairbrush
une **brosse à dents** *nf* a toothbrush
se **brosser les dents** *v* to brush your teeth
la **brume** *nf* the mist
j'ai **bu** I drank/I have drunk
une **bûche** *nf* a log
la **bulle** *nf* the speech bubble
un **bulletin scolaire** *nm* a school report
un **bureau** *nm* a desk; an office
un **but** *nm* a goal

C

ça it, that
Ça va? How are you/is she (etc.)? Is it OK?
Ça va. I'm/It's fine. (etc.) It's OK.
un **cadeau (des cadeaux)** *nm* a present (presents)
un **café** *nm* a coffee; a café
un **cahier** *nm* an exercise book
la **calculatrice** *nf* the calculator
calme *adj* calm, peaceful
un/une **camarade** *nm/f* a friend
la **campagne** *nf* the country

camper *v* to camp
la **canne à sucre** *nf* sugar cane
la **cantine** *nf* the canteen
le **caoutchouc** *nm* rubber
la **capitale** *nf* the capital
car because, as
un **car** *nm* a coach
caraïbe *adj* Caribbean
les **Caraïbes** *nm pl* the Caribbean
le **carême** *nm* the dry season
une **carotte** *nf* a carrot
une **carpe** *nf* a carp
à **carreaux** checked
carrément completely
une **carte** *nf* a map; a card
une **carte postale** *nf* a postcard
cassé/cassée *adj* broken
une **cathédrale** *nf* a cathedral
à **cause de** because of
un **CD** *nm* a CD
ce/c' it, that
ce/cet/cette/ces this, these
ce que what
une **ceinture** *nf* a belt
cela it, that
célèbre *adj* famous
celte *adj* Celtic
le **centre** *nm* the centre
un **cerf-volant** *nm* a kite
une **cerise** *nf* a cherry
certain/certaine *adj* certain
ces these *see* **ce**
cet/cette this *see* **ce**
ceux those
chacun each one, everyone
une **chaîne** *nf* a chain
une **chambre** *nf* a bedroom
le **champ de recherche** *nm* the search box
un **championnat** *nm* a championship
changer *v* to change
une **chanson** *nf* a song
un **chant de Noël** *nm* a Christmas carol
chanter *v* to sing
un **chanteur** *nm* a singer (male)
une **chanteuse** *nf* a singer (female)
chaque each, every
la **charcuterie** *nf* cooked pork meats
un **chat** *nm* a cat
un **château** *nm* a castle
chaud/chaude *adj* hot
un **chauffeur de taxi** *nm* a taxi driver
une **chaussette** *nf* a sock
une **chaussure** *nf* a shoe
chauve *adj* bald
un **chef** *nm* a boss, a chef
cher/chère *adj* expensive, dear
chercher *v* to look for
un **chercheur** *nm* a researcher

un **cheval (des chevaux)** *nm* a horse (horses)
un **cheveu (les cheveux)** *nm* a hair (hair)
chez (moi) at (my) home
chic *adj* nice, great
un **chien** *nm* a dog
un **chiffre** *nm* a number
la **chimie** *nf* chemistry
chinois/chinoise *adj* Chinese
les **chips** *nm pl* crisps
le **choc** *nm* shock
le **chocolat** *nm* chocolate
choisir *v* to choose
un **choix** *nm* a selection
une **chose** *nf* a thing
Chouette! Great!
Chypre *nf* Cyprus
ci-dessous below
ci-dessus above
le **cidre** *nm* cider
un **cimetière** *nm* a cemetery
le **cinéma** *nm* the cinema
le **citoyen** *nm* the citizen
clair/claire *adj* clear
une **classe** *nf* a form, a class
le **client** *nm* the customer
le **climat** *nm* the climate
un **club de quartier** *nm* a local club
le **club de(s) jeunes** *nm* the youth club
un **coca** *nm* a cola
cocher *v* to tick
un **cochon** *nm* a pig
le **cœur** *nm* the heart, middle
la **coiffe** *nf* the headdress
un **coiffeur** *nm* a hairdresser (male)
une **coiffeuse** *nf* a hairdresser (female)
un **coin** *nm* a corner
un **col** *nm* collar
le **collège** *nm* high school
le **collégien** *nm* the high school student
coller *v* to stick
une **colonie de vacances** *nf* children's holiday camp
combien how much, how many
un **comédien** *nm* an actor (male)
une **comédienne** *nf* an actor (female)
comme as, like
commencer *v* to start
comment how
un/une **commercial(e)** *nm/f* someone in sales and marketing
un **commissariat de police** *nm* a police station
en **commun** in common
la **communion** *nf* the communion
compléter *v* to complete
un **compositeur** *nm* a composer (male)

compréhensif/compréhensive *adj* understanding

comprendre *v* to understand

un **comptable** *nm* an accountant

un **compte en banque** *nm* a bank account

compter *v* to count

un **concours** *nm* a competition

un **concurrent** *nm* a competitor

confortable *adj* comfortable

conjuguer *v* to conjugate

connaître *v* to know

les **connecteurs** *nm pl* connectives

connu/connue *adj* well-known

consciencieux/consciencieuse *adj* conscientious

un **conseil** *nm* a piece of advice

considérer *v* to consider

construire *v* to build

contenir *v* to contain

content/contente *adj* happy

elles **contiennent** they contain

le **contraire** *nm* the opposite

contre against

par **contre** on the other hand

un **contrôle** *nm* a test

cool *adj* cool, relaxed

un **copain** *nm* a (boy)friend

une **copine** *nf* a (girl)friend

une **corde** *nf* a rope

un **correspondant** *nm* a penpal (male)

une **correspondante** *nf* a penpal (female)

la **côte de porc** *nf* the pork chop

à **côté de** next to, beside

mettre de côté *v* to put aside, save

se **coucher** *v* to go to bed

une **coulée de lave** *nf* a lava flow

la **couleur** *nf* the colour

le **couloir** *nm* the corridor

un **coup de révolver** *nm* a revolver shot

la **Coupe d'Europe** *nf* the European Cup

couper *v* to cut

la **cour** *nf* the courtyard, school playground

courageux/courageuse *adj* brave

couramment fluently

courir *v* to run

les **cours** *nm pl* the lessons

les **courses** *nf pl* the shopping

un **cousin** *nm* a cousin (male)

une **cousine** *nf* a cousin (female)

de **coutume** usual

un **crabe** *nm* a crab

un **crapaud** *nm* a toad

un **crayon** *nm* a pencil

créatif/créative *adj* creative

créé/créée created

créer *v* to create

la **crème** *nf* cream

la **crème anglaise** *nf* custard

la **crème caramel** *nf* crème caramel

le **créole** *nf* Creole

une **crêpe** *nf* a pancake

une **crêperie** *nf* a pancake restaurant

je/tu **crois** I/you think/believe

la **Croix-Rouge** *nf* the Red Cross

la **cuisine** *nf* the kitchen; cooking

cuisiner *v* to cook

une **cuisinière** *nf* a cook (female)

un **CV** *nm* a CV

le **cyclisme** *nm* cycling

dangereux/dangereuse *adj* dangerous

dans in

la **danse** *nf* dance

de from, of

le **début** *nm* the beginning

décevant/décevante *adj* disappointing

les **déchets** *nm pl* waste

défaire *v* to unpack

un **défaut** *nm* a fault

les **défenseurs latéraux** *nm pl* the full-backs

défiler *v* to go on a parade

se **déguiser** *v* to dress up

déjà already

délicieux/délicieuse *adj* delicious

demain tomorrow

demander *v* to ask

demandes d'emploi *nf pl* situations wanted

demi/demie half

un **demi-frère** *nm* a half-brother, a step-brother

une **demi-sœur** *nf* a half-sister, a step-sister

démodé/démodée *adj* old-fashioned

le **dentifrice** *nm* toothpaste

un/une **dentiste** *nm/nf* a dentist

un **département** *nm* a French administrative district

dépenser *v* to spend

se **déplacer** *v* to travel

un **dépliant** *nm* a leaflet

depuis since, for (time)

dernier/dernière *adj* last

des of the, from the

descendre *v* to go down

désolé/désolée *adj* sorry

un **dessert** *nm* a dessert

le **dessin** *nm* the drawing; art

dessiner *v* to draw

dessous below

dessus above

le **destin** *nm* fate

une **destination** *nf* a destination

déterminé/déterminée *adj* determined

détester *v* to hate

détruire *v* to destroy

deuxième *adj* second

devant in front of

devenir *v* to become

devoir *v* to have to, must

les **devoirs** *nm pl* homework

nous **devons** we must

diabétique *adj* diabetic

un **dictionnaire** *nm* a dictionary

différent/différente *adj* different

difficile *adj* difficult

le **dimanche** *nm* Sunday

la **dinde** *nf* turkey

le **dîner** *nm* dinner

dire *v* to say

discuter *v* to discuss, talk

disparu disappeared

disponible *adj* available

une **dispute** *nf* a quarrel

un **disque** *nm* a record

il/elle **dit** he/she says

divorcer *v* to divorce

je/tu **dois** I/you must

il/elle/on **doit** he/she/we must

le **domicile** *nm* home

dommage *nm* a shame

donner *v* to give

dormir *v* to sleep

le **dos (les dos)** *nm* the back (backs)

une **douche** *nf* a shower

doué/douée *adj* gifted, talented

doux/douce *adj* mild, gentle

le **drapeau** *nm* the flag

la **drogue** *nf* drugs

j'ai le **droit de** I'm allowed to

droit/droite *adj* right; straight

à **droite** on the right

drôle *adj* funny

le **duc** *nm* the duke

du of the, from the

dur/dure *adj* hard, difficult

la **durée** *nf* the duration

durer *v* to last

dynamique *adj* lively

l' **eau** *nf* water

un **échange** *nm* an exchange

l' **école (primaire)** *nf* the (primary) school

les **économies** *nf pl* savings

écossais/écossaise *adj* Scottish

écouter *v* to listen

écrire *v* to write

un **éducateur** *nm* a youth worker (male)

une **éducatrice** *nf* a youth worker (female)

l' **égalité** *nf* equality
une **église** *nf* a church
égoïste *adj* selfish
un **éléphant** *nm* an elephant
un/une **élève** *nm/f* a pupil
elle she, her
elles they, them (all female)
l' **emballage** *nm* packaging
une **émission** *nf* a programme
un **emploi** *nm* a job
un **emploi du temps** *nm* a (school) timetable
emprunter *v* to borrow
en in
en of them; about it
  pour en savoir plus to know more about it
il y **en a** there are some (of them)
encore again, more, still
un **endroit** *nm* a place
énergique *adj* energetic
énervant/énervante *adj* irritating
un **enfant** *nm* a child
enfin finally
une **énigme** *nf* a riddle
ennuyer *v* to bore
s' **ennuyer** *v* to be bored
ennuyeux/ennuyeuse *adj* boring
énormément enormously, very much
enregistrer *v* to record
ensemble together
dans l' **ensemble** altogether
ensoleillé/ensoleillée *adj* sunny
ensuite afterwards, then
entendre *v* to hear
s' **entendre bien avec** to get on well with
entier/entière *adj* whole
entre between
l' **entrée** *nf* the entry
entrer *v* to go in, come in
l' **entretien** *nm* the interview
environ about
l' **environnement** *nm* the environment
j' **envoie** I send
envoyer *v* to send
une **époque** *nf* a period in time
épuisé/épuisée *adj* exhausted
une **équipe** *nf* a team, a crew
équipé/équipée *adj* equipped
tu **es** you are
l' **escalade** *nf* rock climbing
un **escalier** *nm* staircase
un **escargot** *nm* a snail
un **esclave** *nm* a slave
un **espace vert** *nm* a green space
l' **Espagne** *nf* Spain
espagnol/espagnole *adj* Spanish
l' **espoir** *nm* hope
essayer *v* to try
l' **essence** *nf* petrol

essentiel/essentielle *adj* essential
il/elle/on **est** he/she is/we are
c' **est** it's
l' **est** *nm* the east
et and
un **étage** *nm* a storey, a floor
c' **était** it was
les **États-Unis** *nm pl* the United States
l' **été** *nm* summer
éteindre *v* to switch off
éteint/éteinte *adj* extinct
vous **êtes** you are
étranger/étrangère *adj* foreign
à l' **étranger** abroad
être *v* to be
l' **étude** *nf* study
  faire des études de *v* to study
un **étudiant** *nm* a student (male)
une **étudiante** *nf* a student (female)
étudier *v* to study
j'ai **eu** I had
euh erm (used for hesitation)
l' **Europe** *nf* Europe
les **Européens** *nm pl* Europeans
l' **Eurostar** *nm* Eurostar (train)
eux them
chez **eux** at their house
s' **évader** *v* to escape
un **événement** *nm* an event
évidemment of course
un **examen** *nm* an exam
Excusez-moi. Excuse me.
par **exemple** for example
l' **expérience** *nf* experience
expliquer *v* to explain
l' **exposition** *nf* the exhibition

F

en **face de** opposite
facile *adj* easy
faible *adj* weak
la **faim** *nf* hunger
j'ai **faim** I'm hungry
faire *v* to make, do; to pack
faire la fête *v* to party
faire du ski *v* to go ski-ing
je/tu **fais** I/you make, do
Fais attention. Pay attention.
nous **faisons** we make, do
en **fait** in fact, actually
il/elle/on **fait** he/she makes, does/ we make, do
j'ai **fait** I made, did
ça **fait du bien** it feels good
vous **faites** you make, do
la **famille** *nf* the family
une **famille d'accueil** *nf* a foster family
fatigant/fatigante *adj* tiring
fatigué/fatiguée *adj* tired

fausse *adj* see **faux**
il **faut** you have to, you ought to, you need
faux/fausse *adj* false, wrong
une **femme** *nf* a woman; a wife
la **fenêtre** *nf* the window
fermé/fermée *adj* shut, closed
fermer *v* to close
une **fête** *nf* a party, a festival, a celebration
la **fête des Rois** Epiphany, Twelfth Night
fêter *v* to celebrate
le **feu** *nm* fire
un **feu d'artifice** *nm* a fireworks display
une **feuille** *nf* a sheet of paper, a leaflet
les **fiançailles** *nf pl* the engagement
une **fiche** *nf* a form
fier/fière *adj* proud
une **fille** *nf* a girl; a daughter
une **fille unique** *nf* an only child (girl)
un **film (d'horreur)** *nm* a (horror) film
un **fils** *nm* a son
un **fils unique** *nm* an only child (boy)
la **fin** *nf* the end
fin/fine *adj* clever, subtle
finir *v* to finish
flamber *v* to burn; to splash out
une **fleur** *nf* a flower
le **fleuve** *nm* the river
une **fois** a time, once
deux **fois** twice
  la première fois the first time
le **fond** *nm* the bottom, the far end
ils/elles **font** they make, do
le **foot(ball)** *nm* football
un **footballeur** *nm* a footballer
une **forêt** *nf* a forest
la **forme** *nf* form
en **forme** fit
fort/forte *adj* strong, good
un **fou** *nm* a madman
une **fraise** *nf* a strawberry
français/française *adj* French
le **Français** *nm* the Frenchman
un/une **francophone** *nm/f* French-speaking person
un **frère** *nm* a brother
frisé/frisée *adj* curly-haired
les **frites** *nf pl* chips
froid/froide *adj* cold
le **fromage** *nm* cheese
un **fruit** *nm* a fruit
les **fruits de mer** *nm pl* seafood
frustrant/frustrante *adj* frustrating
fumer *v* to smoke

G

gagner *v* to win, to earn
gai/gaie *nf* happy
le **garage** *nm* the garage
un **garçon** *nm* a boy
garder *v* to look after
le **gardien** *nm* the goalkeeper
une **gare (SNCF)** *nf* a railway station
une **gare routière** *nf* a bus station
le **gaspillage** *nm* waste, squandering
la **gastronomie** *nf* food specialities
un **gâteau (des gâteaux)** *nm* a cake (cakes)
gauche *adj* left
à **gauche** on the left
le **géant** *nm* the giant
en **général** in general
généreux/généreuse *adj* generous
génial/géniale *adj* great, fantastic
les **gens** *nm pl* people
gentil/gentille *adj* nice
la **géographie** *nf* geography
un **geste** *nm* a gesture
une **girafe** *nf* a giraffe
une **glace** *nf* an ice-cream
glisser *v* to slip
grâce à thanks to
grand/grande *adj* big, tall
grandir *v* to grow up
pas **grand-chose** not much
une **grand-mère** *nf* a grandmother
un **grand-père** *nm* a grandfather
la **Grande-Bretagne** *nf* Great Britain
les **grands-parents** *nm pl* grandparents
gras/grasse *adj* greasy
la **Grèce** *nf* Greece
gris/grise *adj* grey
gros/grosse *adj* plump, fat, big
la **groseille** *nf* redcurrant
grosses bises love and kisses
une **guêpe** *nf* wasp
la **guerre** *nf* war
la **guitare** *nf* the guitar

H

s' **habiller** *v* to get dressed
un **habitant** *nm* an inhabitant
habiter *v* to live
un **haricot vert** *nm* a green bean
haut/haute *adj* high, tall
hein eh
un **héros** *nm* a hero
une **heure** *nf* an hour
à l' **heure** on time
heureusement happily, luckily
hier yesterday
hier soir last night
l' **histoire** *nf* the story; history

historique *adj* historic
l' **hiver** *nm* winter
l' **hivernage** *nm* the wet season
un **homme** *nm* a man
la **Hongrie** *nf* Hungary
un **Hongrois** *nm* a Hungarian
l' **hôpital** *nm* the hospital
c'est l' **horreur** it's horrible
un **hôtel** *nm* a hotel
l' **hôtellerie** *nf* the hotel trade
l' **huile d'olive** *nf* olive oil
une **huître** *nf* an oyster
humide *adj* humid

I

ici here
idéal/idéale *adj* ideal
une **idée** *nf* an idea
il he, it
il y a there is/there are
il y a (deux) ans (two) years ago
il y en a there is/are some
une **île** *nf* an island
ils they
impoli/impolie *adj* impolite
impressionnant/impressionnante *adj* impressive
l' **Inde** *nf* India
indien/indienne *adj* Indian
industriel/industrielle *adj* industrial
une **infirmière** *nf* a nurse (female)
un **informaticien** *nm* a computer scientist (male)
une **informaticienne** *nf* a computer scientist (female)
l' **informatique** *nf* computing, IT
un **ingénieur** *nm* an engineer
insupportable *adj* unbearable
interdire *v* to forbid
intéressant/intéressante *adj* interesting
s' **intéresser à** *v* to be interested in
à l' **intérieur** indoors
inviter *v* to invite
irlandais/irlandaise *adj* Irish
l' **Italie** *nf* Italy
italien/italienne *adj* Italian

J

j' I
j'ai I have
jamais never
le **jambon** *nm* ham
le **Japon** *nm* Japan
un **Japonais** *nm* a Japanese man
un **jardin** *nm* a garden
un **jardin public** *nm* a park
jaune *adj* yellow
je I
jeter *v* to throw (away)
le **jeu (les jeux)** *nm* the game (games); gambling; acting

un **jeu vidéo** *nm* video game
jeune *adj* young
un/une **jeune** *nm/nf* a young person
un **job (d'été)** *nm* a (summer) job
joli/jolie *adj* pretty
jouer *v* to play
le **joueur** *nm* the player
un **jour** *nm* a day
un **jour de fête** *nm* a festival
un **jour férié** *nm* a public holiday
un **journal** *nm* a newspaper; a diary
un/une **journaliste** *nm/f* a journalist
une **journée** *nf* a day
Joyeux Noël! Merry Christmas!
juger *v* to judge
juin June
jumeau/jumelle *adj* twin
jumelé/jumelée *adj* twinned
une **jupe** *nf* a skirt
jusque until, as far as
juste *adj* fair, just

L

l' **the**
la **the; her, it**
là-bas over there
un **lac** *nm* a lake
laisser *v* to leave
le **lait** *nm* milk
la **langue** *nf* the language
la **langue maternelle** *nf* the mother tongue
un **lapin** *nm* a rabbit
la **lavande** *nf* lavender
laver *v* to wash
se **laver** *v* to have a wash
le **the; him, it**
une **leçon** *nf* a lesson
la **lecture** *nf* reading
la **légende** *nf* the caption
léger/légère *adj* light
un **légume** *nm* a vegetable
le **lendemain** the next day
les **the; them**
une **lettre** *nf* a letter
une **lettre** *nf* **de motivation** a letter of application
leur, leurs their
se **lever** *v* to get up
le **libero** *nm* the sweeper
libre *adj* free
aura **lieu** will take place
la **ligne** *nf* the line
un **lion** *nm* a lion
lire *v* to read
la **littérature** *nf* literature
un **livre** *nm* a book
une **loi** *nf* a law
loin *adj* far
les **loisirs** *nm pl* leisure activities
Londres London
long/longue *adj* long
longtemps a long time

un **loup** *nm* a wolf
lui him
la **lumière** *nf* the light
le **lundi** *nm* Monday
le **lycée** *nm* sixth form college
un **lycéen** *nm* a sixth former (male)
une **lycéenne** *nf* a sixth former (female)

 M

m' *see* **me**
ma my *see* **mon**
mâcher *v* to chew
madame madam, Mrs
un **magasin** *nm* a shop
un **magazine** *nm* a magazine
un **maillot** *nm* a football shirt
un **maillot de bain** *nm* a swimming costume
maintenant now
un **maître** *nm* a (primary school) teacher
mais but
une **maison** *nf* a house
à la **maison** at home
une **majorité** *nf* a majority
mal badly
il a **mal à ...** his ... hurts
mal aux dents *nm* toothache
mal payé/payée *adj* badly paid
une **maladie** *nf* a disease
malgré in spite of
malheureusement unfortunately
la **maman** *nf* Mum, Mummy
la **mamie** *nf* Granny
manger *v* to eat
un **mannequin** *nm* a model
manquer *v* to be missing
le **marché** *nm* the market
marcher *v* to walk; to work (machine)
le **mariage** *nm* the wedding, marriage
marié/mariée *adj* married
pas **marrant/marrante** *adj* dull
un **marron** *nm* a chestnut
un **marronnier** *nm* a chestnut tree
un **mas** *nm* a Provençal farmhouse
un **match** *nm* a match
les **maths** *nf pl* maths
une **matière** *nf* a school subject
le **matin** *nm* the morning
mauvais/mauvaise *adj* bad
me me, to me, myself
un **mécanicien** *nm* a mechanic (male)
une **mécanicienne** *nf* a mechanic (female)
méchant/méchante *adj* nasty, evil
un **médecin** *nm/f* a doctor
un **médicament** *nm* a medicine

la **Méditerranée** *nf* the Mediterranean
un **mégot** *nm* a cigarette-end
meilleur/meilleure *adj* better, best
un **mélange** *nm* a mixture
mélanger *v* to mix
même same, even
la **mémoire** *nf* the memory
le **ménage** *nm* the cleaning, housework
la **mer** *nf* the sea
merci thank you
Mercredi des Cendres Ash Wednesday
une **mère** *nf* a mother
mes my *see* **mon**
la **météo** *nf* the weather forecast
un **métier** *nm* a trade, profession
mettre *v* to put (on)
midi midday, lunchtime
mieux better, best
les **milieux de terrain** *nm pl* the midfielders
des **milliers** *nm pl* thousands
mimer *v* to mime
à **mi-temps** part-time
j'ai **mis** I have put (on), I put (on)
la **misère** *nf* extreme poverty
la **mode** *nf* fashion
le **mode d'emploi** *nm* instructions
moderne *adj* modern
moi me
un **moineau** *nm* a sparrow
moins less
moins bien que less good than
moins de less than
au **moins** at least
un **mois** *nm* a month
mon, ma, mes my
le **monde** *nm* the world
mondial/mondiale *adj* of the world
un **moniteur de ski** *nm* a ski instructor
une **monitrice** *nf* group leader (female)
la **monnaie** *nf* currency
monsieur sir, Mr
une **montagne** *nf* a mountain
monter *v* to go up, climb; to stage
une **montre** *nf* a watch
montrer *v* to show
un **morceau** *nm* a piece
mort/morte *adj* dead
il est **mort** he died
un **mot** *nm* a word
un **mot d'absence** a sick note
le **moteur de recherches** *nm* the search engine
une **moto** *nf* a motorbike
une **mouche** *nf* a fly

un **mouton** *nm* a sheep
motivé/motivée *adj* motivated
muet/muette *adj* mute, silent
une **mule** *nf* a female mule
un **musée** *nm* a museum
un **musicien** *nm* a musician
la **musique** *nf* music
myope *adj* short-sighted

 N

n' ... pas etc. *see under* **ne**
nager *v* to swim
une **nageuse** *nf* swimmer (female)
une **naissance** *nf* a birth
la **natation** *nf* swimming
la **nationalité** *nf* the nationality
ne ... jamais never
ne ... pas not
ne ... plus no longer, not any more
ne ... que only
ne ... rien nothing
né/née *adj* born
il est **né** he was born
la **négation** *nf* negative
la **neige** *nf* the snow
neigeux/neigeuse *nf* snowy
nettoyer *v* to clean
ni ... ni neither ... nor
Noël *nm* Christmas
la **noix de coco** *nf* coconut
un **nom** *nm* a name, noun
nombreux/nombreuses *adj* numerous
non no
le **nord** *nm* the north
normalement normally
nos our *see* **notre**
une **note** *nf* a mark; a note
noter *v* to note
notre, nos our
nouer *v* to tie
nous we, us, ourselves
nouveau/nouvelle *adj* new
le **Nouvel An** *nm* the New Year
nu/nue *adj* bare
une **nuit** *nf* a night
nul/nulle *adj* rubbish, awful
un **numéro** *nm* a number
la **numérotation** *nf* the numbering

O

obtenir *v* to obtain
une **occasion** *nf* an opportunity
s' **occuper de** *v* to look after
un **œuf** *nm* an egg
l' **œuvre** *nf* (artistic) work
les **offres d'emploi** *nm pl* situations vacant
une **oie** *nf* a goose
un **oiseau (des oiseaux)** *nm* a bird (birds)
on we, people, one

un **oncle** *nm* an uncle
ils/elles **ont** they have
un **orage** *nm* a thunderstorm
orageux/orageuse *adj* stormy
une **orange** *nf* an orange
un **ordinateur** *nm* a computer
les **ordures** *nf pl* rubbish
une **oreille** *nf* an ear
organiser *v* to organize
ou or
où where
oublier *v* to forget
l' **ouest** *nm* the west
oui yes
ouvert/ouverte *adj* open,
on (tap)
l' **ouverture** *nf* opening
ouvrir *v* to open

P

le **pain** *nm* bread
papa *nm* Dad
le **papier** *nm* paper
Pâques *nf pl* Easter
un **paquet** *nm* a packet
par by
par mois/semaine per
month/week
le **parapente** *nm* paragliding
un **parapluie** *nm* an umbrella
un **parc** *nm* a park
un **parc d'attractions** *nm* a theme
park
parce qu'/que because
pareil/pareille *adj* similar
les **parents** *nm pl* parents
parfait/parfaite *adj* perfect
le **parfum** *nm* perfume
un **parking** *nm* a car park
parler *v* to talk
un/une **partenaire** *nm/f* a partner
je suis **parti(e)** I left
participer *v* to take part
partir *v* to leave
partout everywhere
pas not
pas de problème no problem
pas du tout not at all
un **passe-temps** *nm* a hobby
passer *v* to pass; to spend
(time); to be shown (on TV);
to take (an exam)
se **passer** *v* to happen
passionnant/passionnante *adj*
fascinating
passionné/passionnée *adj*
passionate
passionner *v* to fascinate
se **passionner pour** *v* to be
passionate about
patient/patiente *adj* patient
le **patin à glace** *nm* ice skating
le **patinage** *nm* ice skating

une **patinoire** *nf* an ice rink
un **pavillon** *nm* a detached house
payé/payée *adj* paid
un **pays** *nm* a country
les **Pays-Bas** *nm pl* the Netherlands
la **pêche** *nf* fishing
se **peigner** *v* to comb your hair
peindre *v* to paint
une **peinture** *nf* a painting
un **peintre** *nm* a painter
pendant during
pénible *adj* a pain, a drag
penser *v* to think
un **pensionnat** *nm* a boarding
school
perdre *v* to lose
se **perdre** *v* to get lost
un **père** *nm* a father
une **personne** *nf* a person
personne (ne...) nobody
persuadé/persuadée *adj*
convinced
petit/petite *adj* small
le **petit ami** *nm* the boyfriend
le **petit déjeuner** *nm* breakfast
une **petite fille** *nf* a little girl
les **petits pois** *nm pl* peas
le **pétrole** *nm* oil
un **peu** *nm* a little bit
avoir **peur** to be afraid
il/elle/on **peut** he/she/we can
peut-être perhaps
ils/elles **peuvent** they can
je/tu **peux** I/you can
une **pharmacie** *nf* a pharmacy,
chemist's
une **photo** *nf* a photograph
la **physique** *nf* physics
le **piano** *nm* the piano
une **pie** *nf* a magpie
une **pièce** *nf* a room; a play
un **pied** *nm* a foot
la **pierre** *nf* the stone
piéton/piétonne *adj*
pedestrianized
une **pile-bouton** *nf* a flat round
battery
un **pilote d'avion** *nm* airline pilot
un **pinson** *nm* a chaffinch
une **piscine** *nf* a swimming pool
une **piste cyclable** *nf* a cycle track
une **place** *nf* a square; a theatre seat
une **plage** *nf* a beach
plaît: s'il te/vous plaît please
un **plan** *nm* a map
un **plat** *nm* a dish
plein/pleine *adj* full
plein à craquer full to bursting
pleurer *v* to cry
il **pleut** it's raining
la **plongée sous-marine** *nf* scuba
diving
la **pluie** *nf* the rain

une **plume** *nf* feather
plus more, plus, most
moi non plus nor do/have I
en **plus** in addition
le/la **plus (positive)** the most
(positive)
plus de more than
de **plus en plus** more and more
plusieurs several
plutôt rather
le **pneu** *nm* the tyre
un **poisson** *nm* a fish
Poisson d'avril! April Fool!
poliment politely
une **pomme** *nf* an apple
les **pommes de terre** *nf pl* potatoes
un **pompier** *nm* a firefighter
un **portable** *nm* a mobile phone
porter *v* to wear; to carry
poser *v* **une question** to ask a
question
la **poste** *nf* the post office
le **poste** *nm* position
poster *v* to post
un **pou** *nm* a louse
un **poulet** *nm* a chicken
une **poupée** *nf* a doll
pour for, in order to
pourquoi why
pourtant however
vous **pouvez** you can
pouvoir *v* to be able to
pratique *adj* practical
pratiquer *v* to practise (sport)
préférable *adj* preferable
préféré/préférée *adj* favourite
préférer *v* to prefer
premier/première *adj* first
prendre *v* to take
un **prénom** *nm* a first name
préparer *v* to prepare
près de near
présenter *v* to introduce
presque almost
pressé/pressée *adj* in a hurry;
squeezed
prêter *v* to lend
prier *v* to ask
primaire *adj* primary
un/une **primatologue** *nm/f* a
primatologist
j'ai **pris** I took/went by
un **prix (les prix)** *nm* a prize (prizes)
un **problème** *nm* a problem
prochain/prochaine *adj* next
produire *v* to produce
un **produit** *nm* a product
un **prof** *nm* a teacher
un **professeur** *nm* a teacher
professionnel/professionnelle
adj professional
une **promenade** *nf* a walk, ride
promener *v* to take for a walk

protéger *v* to protect
j'ai pu I could
une **puéricultrice** *nf* nursery nurse
puis then
un **pull** *nm* a jumper
une **punition** *nf* a punishment

Q

qu'est-ce que/qui what
quand when
un **quartier** *nm* an area
quatrième *adj* fourth
que that, what, which, than
quel/quelle what, which
quelque chose something
quelquefois sometimes
une **queue** *nf* a tail
qui who
quitter *v* to leave
quoi what

R

raconter *v* to tell
une **raison** *nf* a reason
raisonnable *adj* reasonable
le **Ramadan** *nm* Ramadan
la **randonnée** *nf* hike
le **rang** *nm* the row
ranger *v* to tidy
rapide *adj* quick
un **rapport** *nm* a report
par **rapport à** with regard to, towards
rattraper *v* to catch
la **réalisatrice** *nf* the director (female)
une **recette** *nf* a recipe
recevoir *v* to receive
des **recherches** *nf pl* research
la **récréation** *nf* break
recycler *v* to recycle
redoubler *v* to repeat a year (at school)
réduire *v* to reduce
refaire *v* to do again
regarder *v* to look at, to watch
une **région** *nf* an area, a region
une **règle** *nf* a rule
le **règlement** *nm* the rules
régulièrement regularly
la **reine** *nf* the queen
rejoindre *v* to join
relativement relatively
se **remarier** *v* to remarry
ils sont **remontés** they went back
remporter *v* to win
un **renard** *nm* a fox
rencontrer *nm* to meet
rentrer *v* to go back (home)
un **repas** *nm* a meal
une **réponse** *nf* an answer
reporter *v* to transfer, postpone
se **reposer** *v* to rest

respecter *v* to respect
respirer *v* to breathe
responsable *adj* responsible
la **restauration** *nf* catering
le **restaurant** *nm* the restaurant
rester *v* to stay; be left
un **résultat** *nm* a result
en **retard** late
retirer *v* to take out (money)
retourner *v* to return
retrouver *v* to meet
se **retrouver** *v* to meet up
réussir *v* to succeed
un **rêve** *nm* a dream
un **réveil** *nm* an alarm clock
se **réveiller** *v* to wake up
le **réveillon** *nm* (Christmas) Eve
revenir *v* to come back
rêver *v* to dream
faire **revivre** *v* to revive
au **rez-de-chaussée** on the ground floor
le **Rhin** *nm* the Rhine
riche *adj* rich
ridicule *adj* ridiculous
rien (ne…) nothing
une **rime** *nf* a rhyme
rimer *v* to rhyme
ringard/ringarde *adj* tacky
rire *v* to laugh
le **riz** *nm* rice
une **robe** *nf* a dress
le **robinet** *nm* the tap
un **roi** *nm* a king
un **rond-point** *nm* a roundabout
un **rossignol** *nm* a nightingale
rôti/rôtie *adj* roast
rouge *adj* red
rouler *v* to go (vehicles)
rusé/rusée *adj* crafty
une **rue** *nf* a road, street

S

s' *see* **se**
sa his, her *see* **son**
un **sac en plastique** *nm* a plastic bag
je/tu **sais** I/you know
il ne **sait pas lire** he can't read
une **salade** *nf* a salad
la **salade de tomates** *nf* tomato salad
le **salaire** *nm* pay
une **salle à manger** *nf* a dining room
la **salle de bains** *nf* the bathroom
Salut! Hello!
le **samedi** *nm* Saturday
sans without
la **santé** *nf* health
le **sapin** *nm* the fir tree
sauf except, apart from
le **saumon** *nm* salmon
sauter *v* to jump

sauver *v* to save
savoir *v* to know
les **sciences** *nf pl* science
scolaire *adj* school
se himself, herself, themselves
sec/sèche *adj* dry
un/une **secrétaire** *nm/f* a secretary
un **séjour** *nm* a stay; a living room
selon according to
une **semaine** *nf* a week
sensible *adj* sensitive
sérieux/sérieuse *adj* serious
ça ne **sert à rien** that's no use
un **serveur** *nm* waiter
une **serveuse** *nf* waitress
ses his, her *see* **son**
seul/seule *adj* alone, only
seulement only
sévère *adj* strict
un **short** *nm* a pair of shorts
si if; yes (in answer to a negative)
un **siècle** *nm* a century
signé/signée *adj* signed
un **singe** *nm* a monkey
le **ski** *nm* ski-ing
un **skieur** *nm* a male skier
une **skieuse** *nf* a female skier
la **Slovaquie** *nf* Slovakia
un **SMS** *nm* a text message
une **sœur** *nf* a sister
la **somme** *nf* the sum
son, sa, ses his, her
un **sondage** *nm* a survey
ils/elles **sont** they are
sortir *v* to go out, put/take out
un **souci** *nm* a worry
souffrir *v* to suffer
souhaiter *v* to wish to
souligné/soulignée *adj* underlined
la **soupe (à l'oignon)** *nf* (onion) soup
une **souris** *nf* a mouse
sous under
sous-marin/sous-marine *adj* under the sea
souterrain/souterraine *adj* underground
en **souvenir de** in memory of
souvent often
sportif/sportive *adj* sporting, sporty
un **stade** *nm* a stadium
un **stage** *nm* work experience
un/une **stagiaire** *nm/f* work experience boy/girl
une **station de ski** *nf* a ski resort
le **stoppeur** *nm* the central defender
strict/stricte *adj* strict
le **succès** *nm* the success
le **sucre** *nm* sugar

le **sud** *nm* the south
le **sud-est** *nm* the south-east
le **sud-ouest** *nm* the south-west
suffisant/suffisante *adj* sufficient
je **suis** I am
suivant/suivante *adj* following
super *adj* lovely
un **supermarché** *nm* a supermarket
sur on
surfer *v* to surf
surtout especially
sympa *adj* kind, nice

T

t' *see* **te**
ta your *see* **ton**
le **tabac** *nm* tobacco
un **tableau (des tableaux)** *nm* a picture
un **tablier** *nm* apron
une **taille** *nf* a waist
une **tante** *nf* an aunt
tard *adj* late
une **tarte** *nf* a tart, a pie
une **tarte aux pommes** *nf* an apple tart
une **taupe** *nf* a mole
un **taxi** *nm* a taxi
la **technologie** *nf* technology
un **tee-shirt** *nm* a t-shirt
la **télé** *nf* TV, telly
téléphoner (à) *v* to phone
un **téléspectateur** *nm* a television viewer
la **télévision** *nf* television
tellement so (much)
le **temps** *nm* the weather; time; tense
tenir *v* to hold
la **tentation** *nf* temptation
un **terrain de jeux** *nm* a playground
la **terre** ground, earth
tes your *see* **ton**
la **tête** *nf* the head
têtu/têtue *adj* stubborn
un **thé** *nm* a tea
un **théâtre** *nm* a theatre
un **tigre** *nm* a tiger
un **timbre** *nm* a stamp
timide *adj* shy
toi you
le **toit** *nm* the roof
tomber *v* to fall
ton, ta, tes your
tôt early
toujours always; still
un **tour** *nm* a trip, tour
une **tour** *nf* a tower
le **tourisme** *nm* tourism
un **touriste** *nm* a tourist
touristique *adj* touristy
tourner *v* to turn; to shoot a film

le **tournoi** *nm* the tournament
tous all *see* **tout**
tous les dimanches every Sunday
tous les jours every day
tout/toute/tous/toutes everything, all
tout de suite at once
toute/toutes all *see* **tout**
traditionnel/traditionnelle *adj* traditional
un **train** *nm* a train
le **travail** *nm* work
travailler *v* to work
travailleur/travailleuse *adj* hard-working
très very
triste *adj* sad
trop too, too much, too many
un **trou** *nm* a hole
trouver *v* to find
se **trouver** *v* to be (situated)
tu you *see* p.143
tunisien/tunisienne *adj* Tunisian
typique *adj* typical

U

un/une a, an, one
une **usine** *nf* a factory
utile *adj* useful
utiliser *v* to use

V

il/elle/on **va** he/she goes, we go
les **vacances** *nf pl* holidays
je **vais** I go
la **vaisselle** *nf* the washing-up
la **valise** *nf* the suitcase
vas-y go on then
ils ont **vécu** they lived
un **végétarien** *nm* a vegetarian (male)
une **végétarienne** *nf* a vegetarian (female)
un **vélo** *nm* a bike
faire du vélo *v* to go cycling
un **vendeur** *nm* a sales assistant (male)
une **vendeuse** *nf* a sales assistant (female)
vendre *v* to sell
le **vendredi** *nm* Friday
le **Vendredi Saint** *nm* Good Friday
venir *v* to come
un **vent** *nm* a wind
il est **venu** he came
tu **verras** you'll see
le **verre** *nm* glass
vers towards, about (time)
vert/verte *adj* green
une **veste** *nf* a jacket
un **vêtement** *nm* an item of clothing

ils/elles **veulent** they want *from* **vouloir**
il/elle/on **veut** he/she wants, we want
veut dire means
je/tu **veux** I/you want
je **veux bien** I'd like that
la **viande** *nf* meat
une **victoire** *nf* a victory
une **vidéo** *nf* a video
la **vie** *nf* life
vieille *see* **vieux**
ils **viennent** they come *from* **venir**
il/elle/on **vient** he/she comes, we come
la **Vierge** *nf* the Virgin
vieux/vieille *adj* old
vif/vive *adj* bright
un **village** *nm* a village
une **ville** *nf* a town
en **ville** in town, into town
le **vin** *nm* wine
une **visite** *nf* a visit
visiter *v* to visit
vite quickly
vive … long live …
vive *see* **vif**
vivre *v* to live
voici here is, here are
voilà there you are
la **voile** *nf* sailing
voir *v* to see
un **voisin** *nm* a neighbour (male)
une **voiture** *nf* a car
un **volcan** *nm* volcano
volcanique *adj* volcanic
ils/elles **vont** they go
votre, vos your
je **voudrais** I would like
vouloir *v* to want
vous you *see* p.143
un **voyage** *nm* a journey
voyager *v* to travel
vrai/vraie *adj* true
vraiment really
j'ai **vu** I saw

W

le **week-end** *nm* the weekend

Y

y there
il **y a** there is, there are
on **y va** let's go
le **yaourt** *nm* yoghurt
les **yeux** *nm pl* (**un œil**) eyes (an eye)

Z

un **zèbre** *nm* a zebra
un **zoo** *nm* a zoo

Glossaire anglais–français

adj	adjective
nf	feminine noun
nm	masculine noun
pl	plural noun
v	verb

A

a un/une
abroad à l'étranger
actor un acteur *nm*, un comédien *nm*
actress une actrice *nf*, une comédienne *nf*
after après
afterwards ensuite
I agree. Je suis d'accord.
agricultural agricole *adj*
alarm clock un réveil *nm*
all tout/toute/tous/toutes
allergic allergique *adj*
also aussi
always toujours
I am je suis
amusing amusant/amusante *adj*
and et
to answer (questions) répondre *v* (aux questions)
apple une pomme *nf*
apple tart la tarte aux pommes *nf*
Are there? Il y a …?
you are tu es, vous êtes *see p.143*
we are on est, nous sommes *see p.143*
they are ils/elles sont
to arrive arriver *v*
art le dessin *nm*
as comme; car
to fall asleep s'endormir *v*
at à
at (my) house chez (moi)
at the weekends le week-end
aunt une tante *nf*

B

bad mal; *(at school subjects)* faible *adj*, nul/nulle *adj*
badly paid mal payé/mal payée *adj*
bag un sac *nm*
baker's la boulangerie *nf*
bank la banque *nf*
bath un bain *nm*
bathroom la salle de bains *nf*
to be être *v*
because parce que, car
bed le lit *nm*
bedroom une chambre *nf*
before avant
beside à côté de

big grand/grande *adj*
birth la naissance *nf*
birthday un anniversaire *nm*
a little bit un peu
boat un bateau *nm*
book un livre *nm*
to bore ennuyer *v*
boring pas marrant/marrante *adj*, ennuyeux/ennuyeuse *adj*
bottle une bouteille *nf*
bowling alley un bowling *nm*
breakfast le petit déjeuner *nm*
to bring apporter *v*
brother un frère *nm*
to brush (one's teeth) se brosser *v* (les dents)
bus station la gare routière *nf*
but mais
butcher's une boucherie *nf*
to buy acheter *v*

C

to call appeler *v*; téléphoner *v* à
calm calme *adj*
camera un appareil-photo *nm*
I can je peux; *(I'm allowed to)* j'ai le droit de
I can't je ne peux pas; *(I'm not allowed to)* je n'ai pas le droit de
car une voiture *nf*
car park un parking *nm*
to take care of s'occuper de *v*
celebration la fête *nf*
to chat parler *v*
chemist's la pharmacie *nf*
chemistry la chimie *nf*
chicken le poulet *nm*
chop une côte *nf*
chores les tâches ménagères *nf pl*
christening un baptême *nm*
Christmas Noël *nm*
cinema le cinéma *nm*
in class en classe
to clean your teeth se brosser *v* les dents
cleaning le ménage *nm*
clothes les vêtements *nm pl*
coach un car *nm*
completely carrément
comfortable confortable *adj*
computer un ordinateur *nm*

computer scientist un informaticien *nm*, une informaticienne *nf*
concert un concert *nm*
to cook faire *v* la cuisine
cool (relaxed) cool *adj*
corridor un couloir *nm*
to count compter *v*
cousin un cousin *nm*, une cousine *nf*
country le pays *nm*
cycle track une piste cyclable *nf*
to go cycling faire *v* du vélo

D

to dance danser *v*
dangerous dangereux/dangereuse *adj*
dead mort/morte *adj*
delicious délicieux/délicieuse *adj*
desk (in school) un pupitre *nm*
dessert un dessert *nm*
dictionary un dictionnaire *nm*
difficult difficile *adj*
dining room une salle à manger *nf*
I disagree. Je ne suis pas d'accord.
dish un plat *nm*
to do faire *v*
doctor un médecin *nm*
dog un chien *nm*
to be a drag être pénible *v*
to draw dessiner *v*
to dream (of) rêver *v* (de)
to dress s'habiller *v*
to dress up se déguiser *v*
to drink boire *v*
dull pas marrant/marrante *adj*
during pendant

E

to earn gagner *v*
east l'est
Easter Pâques *nf pl*
to eat manger *v*
engagement les fiançailles *nf pl*
engineer un ingénieur *nm*
England l'Angleterre *nf*
English anglais/anglaise *adj*
enough assez
Epiphany la fête des Rois *nf*
evening le soir *nm*
every day tous les jours

F

family la famille *nf*
family celebrations les fêtes de famille *nf pl*
to **fascinate** passionner *v*
father un père *nm*
favourite préféré/préférée *adj*
to **find** trouver *v*
to **finish** finir *v*
firefighter un pompier *nm*
first le premier/la première *nm/nf*
on the **first floor** au premier étage
first of all d'abord
fishing la pêche *nf*
flat un appartement *nm*
floor (storey) un étage *nm*
football le foot(ball) *nm*
footballer un footballeur *nm*
for pour; pendant; depuis
French français/française *adj*; le français *nm*
friend (male) un ami *nm*, un copain *nm*
friend (female) une amie *nf*, une copine *nf*
friends les amis *nm pl*, les copains *nm pl*
to **forget** oublier *v*
in **front of** devant
fruit les fruits *nm pl*
I'm **full.** J'ai assez mangé.
fun amusant/amusante *adj*
to have **fun** s'amuser *v*
funny drôle *adj*

G

glass le verre *nm*
generous généreux/généreuse *adj*
geography la géographie *nf*
German allemand/allemande *adj*; l'allemand *nm*
Germany l'Allemagne *nf*
to **get dressed** s'habiller *v*
to **get on (well) with** s'entendre *v* (bien) avec
to **get together** se retrouver *v*
to **get up** se lever *v*
to **get washed** se laver *v*
to **give** donner *v*
to **go (to)** aller (à) *v*
to **go to bed** se coucher *v*
I **go** je vais
to **go out** sortir *v*
I **go out** je sors
good bien, bon/bonne *adj*, (at school subjects) fort/forte *adj*
I've **got** j'ai
grandfather un grand-père *nm*

grandmother une grand-mère *nf*
grandparents les grands-parents *nm pl*
Great! Super! Génial! Chouette!
It's **great with ...** C'est sympa avec ...
on the **ground floor** au rez-de chaussée

H

hair les cheveux *nm pl*
hairbrush une brosse à cheveux *nf*
hairdresser un coiffeur *nm*, une coiffeuse *nf*
half-brother un demi-frère *nm*
half-sister une demi-sœur *nf*
handy pratique *adj*
hard difficile *adj*; dur/dure *adj*
he/she **has** il/elle a
to **have** avoir *v*
I **have** j'ai ...
I **have to** je dois, j'ai besoin de
I don't **have** je n'ai pas ...
they **have** ils/elles ont
we **have** on a, nous avons *see p. 143*
you **have** tu as, vous avez *see p. 143*
he il
heating le chauffage *nm*
hello bonjour
to **help** aider *v*
her son, sa, ses; la; elle *see pp.142, 144, 145*
here ici
him le; lui *see pp. 144, 145*
his son, sa, ses
historic historique *adj*
history l'histoire *nf*
hobbies les passe-temps *nm pl*
at **home** à la maison
at (my) **home** chez (moi)
to do **homework** faire les devoirs
it's **horrible** c'est l'horreur
hotel un hôtel *nm*
hour une heure *nf*
house une maison *nf*
housework le ménage *nm*
how comme; comment
How much? Combien?

I

I je, j'
ice cream la glace *nf*
in (France) en (France)
in (my bag) dans (mon sac)
in front of devant
in town en ville
indoors à l'intérieur
industrial industriel/industrielle *adj*
to **interest** intéresser *v*

interesting intéressant/intéressante *adj*
Ireland l'Irlande *nf*
Irish irlandais/irlandaise *adj*
irritating énervant/énervante *adj*
he/she **is** il/elle est
he/she **is (14)** il/elle a (14 ans)
IT l'informatique *nf*
it ça
it's ... c'est ...
it was ... c'était ...
Italian italien/italienne *adj*

J

jewellery des bijoux *nm pl*
job un boulot *nm*, un job *nm*; un métier *nm*
journalist un journaliste *nm*, une journaliste *nf*

K

king le roi *nm*
kind gentil/gentille *adj*
kitchen la cuisine *nf*

L

last weekend le week-end dernier
last year l'année dernière
late tard; en retard
later plus tard
lawyer un avocat *nm*, une avocate *nf*
to **learn** apprendre *v*
to **leave** quitter *v*
to **leave the tap running** laisser *v* le robinet ouvert
to **leave ... switched on** laisser *v* ... allumé
on the **left (of)** à gauche (de)
to **lend** prêter *v*
letter of application une lettre de motivation *nf*
light la lumière *nf*
like (as) comme
to **like** aimer
I'd **like to** je voudrais/j'aimerais bien
to **listen to** écouter *v*
little petit/petite *adj*
to **live** habiter *v*
lively animé/animée *adj*
living room un séjour *nm*
to **look after** s'occuper de *v*
to **look at** regarder *v*
a **lot** beaucoup
I **love ...** J'adore ...
lycée *(sixth form college)* le lycée *nm*

M

magazine un magazine *nm*
to make faire *v*
marketing person un commercial *nm*, une commerciale *nf*
maths les maths *nf pl*
Me too. Moi aussi.
mechanic un mécanicien *nm*, une mécanicienne *nf*
to meet friends retrouver *v* des amis
mobile phone un portable *nm*
modern moderne *adj*
money l'argent *nm*
moped la mobylette *nf*
mother une mère *nf*
Mother's Day la fête des Mères
some more … encore du/de la/des …
morning le matin *nm*
to play music faire *v* de la musique
you must il faut, on doit
you must not il ne faut pas, on ne doit pas
my mon, ma, mes
at my house chez moi

N

name le nom *nm*
My name is … Je m'appelle …
nationality la nationalité *nf*
near près de
to need avoir *v* besoin de
never (ne…) jamais
next to à côté de
New Year le Nouvel An *nm*
nice sympa *adj*
no non
no, thank you non, merci
north le nord *nm*
Northern Ireland l'Irlande du Nord *nf*
I'm not je ne suis pas
not at all pas du tout
nothing (ne …) rien
nursery nurse une puéricultrice *nf*

O

occasionally de temps en temps
of de
old (town) ancien/ancienne *adj*, (person) âgé/âgée *adj*
on sur
on (Mondays) le (lundi)
once (a week) une fois (par semaine)
one un/une
onion un oignon *nm*
open ouvert/ouverte *adj*
opportunity une occasion *nf*

opposite en face de
or ou
other autre *adj*

P

a pain (annoying) pénible *adj*
paper le papier *nm*
to parade défiler *v*
parents les parents *nm pl*
park un jardin public *nm*
part-time job un petit boulot *nm*
party une fête *nf*
to party faire *v* la fête
peaceful calme *adj*
pedestrianized piéton/piétonne *adj*
people les gens *nm pl*
personal stereo un baladeur *nm*
physics la physique *nf*
pilot un pilote d'avion *nm*
pizza une pizza *nf*
plane un avion *nm*
plastic bag un sac en plastique *nm*
to play (football) jouer *v* (au foot)
playground un terrain de jeux *nm*
please s'il te plaît, s'il vous plaît see p.162
pocket money l'argent de poche *nm*
police station un commissariat de police *nm*
pork le porc *nm*
post office la poste *nf*
postcard une carte postale *nf*
practical pratique *adj*
pretty joli/jolie *adj*
present un cadeau *nm*
profession un métier *nm*, une profession *nf*
pupil un/une élève *nm/f*
to put on mettre *v*

Q

queen la reine *nf*
quick rapide *adj*
quite assez

R

radio la radio *nf*
railway station la gare SNCF *nf*
rather plutôt, assez
to read lire *v*
reading la lecture *nf*
really vraiment
to recycle recycler *v*
region une région *nf*
regularly régulièrement
relatively relativement
to respect respecter *v*
to rest se reposer *v*

on the right (of) à droite (de)
to ring téléphoner à *v*
road la rue *nf*
roast rôti/rôtie *adj*
room une pièce *nf*, (bedroom) une chambre *nf*
It's rubbish! C'est nul!
to run courir *v*

S

to go sailing faire *v* de la voile
sales person un commercial *nm*, une commerciale *nf*
salad la salade *nf*
salmon le saumon *nm*
to save (money) mettre *v* (de l'argent) de côté
school l'école *nf*
high school le collège *nm*
primary school l'école primaire *nf*
science les sciences *nf pl*
Scotland l'Écosse *nf*
Scottish écossais/écossaise *adj*
seafood les fruits de mer *nm pl*
second le/la deuxième *nm/nf*
secretary un/une secrétaire *nm/f*
selfish égoïste *adj*
to send envoyer *v*
sensible sérieux/sérieuse *adj*
to set the table mettre *v* le couvert
she elle
shirt une chemise *nf*
to go shopping faire *v* les courses
shopping centre un centre commercial *nm*
shower une douche *nf*
sick note une lettre d'absence *nf*
to sing chanter *v*
singer un chanteur *nm*, une chanteuse *nf*
sister une sœur *nf*
skating rink une patinoire *nf*
to go ski-ing faire *v* du ski
skirt une jupe *nf*
small petit/petite *adj*
smart chic *adj*
to smoke fumer *v*
some des
something quelque chose
sometimes quelquefois
I'm sorry. Je suis désolé/désolée.
soup la soupe *nf*
south le sud *nm*
Spanish espagnol/espagnole *adj*; l'espagnol *nm*
to speak parler *v*
to spend dépenser *v*
sport le sport *nm*
to do sport faire *v* du sport
sporty sportif/sportive *adj*

stadium un stade *nm*

to **start** commencer *v*

(train) **station** la gare SNCF *nf*

step-brother un demi-frère *nm*

step-father un beau-père *nm*

step-mother une belle-mère *nf*

step-sister une demi-sœur *nf*

story une histoire *nf*

street une rue *nf*

stubborn têtu/têtue *adj*

subject la matière *nf*

summer job un job d'été *nm*

sun cream la crème solaire *nf*

super super *adj*

to **surf the Internet** surfer *v* sur Internet

to go **surfing** faire *v* du surf

sweets des bonbons *nm pl*

to **swim** nager *v*

to go **swimming** faire *v* de la natation

swimming pool la piscine *nf*

to **switch off** éteindre *v*

switched on allumé/allumée *adj*

to **take** prendre *v*

to **take care of** s'occuper de *v*

to **take for a walk** promener *v*

tap un robinet *nm*

tart une tarte *nf*

to **talk** parler *v*, discuter *v*

teacher (*at secondary school*) le professeur *nm*; (*at primary school*) le maître *nm*, la maîtresse *nf*

to play **tennis** jouer *v* au tennis

It's **terrible.** C'est nul.

to **text** envoyer *v* un SMS

text message un SMS *nm*

thanks merci

the le, la, les

them les; eux, elles *see pp. 144, 145*

there y, là

there are ... il y a ...

there aren't any ... il n'y a pas de ...

there is ... il y a ...

there isn't any ... il n'y a pas de ...

these ces

they ils/elles

to **think** penser *v*

third troisième *adj*

this ce, cet, cette

to **throw (away)** jeter *v*

to **tidy** ranger *v*

on **time** à l'heure

tired fatigué/fatiguée *adj*

tiring fatigant/fatigante *adj*

to à

today aujourd'hui

tomato une tomate *nf*

tonight ce soir

too aussi; trop

toothbrush une brosse à dents *nf*

toothpaste le dentifrice *nm*

tourist office l'office de tourisme *nm*

touristy touristique *adj*

towel une serviette *nf*

town la ville *nf*

town centre le centre-ville *nm*

town hall la mairie *nf*

to **travel** voyager *v*, se déplacer *v*

to **turn down the heating** baisser *v* le chauffage

TV la télé *nf*

twice (a week) deux fois (par semaine)

umbrella un parapluie *nm*

uncle un oncle *nm*

to **understand** comprendre *v*

underground souterrain/souterraine *adj*

to **unpack** défaire *v* les bagages

to **use** utiliser *v*

vegetarian un végétarien *nm*, une végétarienne *nf*

very très

village un village *nm*

to **visit** visiter *v*

to **wake up** se réveiller *v*

Wales le pays de Galles *nm*

walk une promenade *nf*

I **want** je veux

Do you **want to** ...? Tu veux ...?

he/she **was** il/elle était

to **wash up** faire *v* la vaisselle

to **watch (TV)** regarder *v* (la télé)

water l'eau *nf*

we on, nous *see p. 143*

to **wear** porter *v*

wedding un mariage *nm*

wedding anniversary un anniversaire de mariage *nm*

week la semaine *nf*

at the **weekend** le week-end

well bien

well paid bien payé/bien payée *adj*

Welsh gallois/galloise *adj*; le gallois *nm*

I **went** je suis allé(e)

west l'ouest *nm*

What ...? Qu'est-ce que ...?

What about you? Et toi?

What is ... **like?** Comment est ...?

What is there in ...? Qu'est-ce qu'il y a à ...?

when quand

where où

which ... quel .../quelle ...

white blanc/blanche *adj*

who qui

why pourquoi

with avec

to **work** travailler *v*

I **would like** je voudrais ... ; je veux bien

would you like ...? Tu veux ...?, Vous voulez ...? *see p. 143*

to **write** écrire *v*

Y

yes oui

yesterday hier

you tu, vous *see p. 143*

your ton/ta/tes, votre/vos *see* **you**

at **your house** chez toi

youth club un club de(s) jeunes *nm*

youth worker un éducateur *nm*, une éducatrice *nf*